Impressum
Verlag: BABADADA GmbH, Nedderfeld 112 , 22529 Hamburg
Geschäftsführer / Verlagsleitung: Harald Hof
Druck: Books on Demand GmbH, In de Tarpen 42, 22848 Norderstedt

Imprint
Publisher: BABADADA GmbH, Nedderfeld 112 , 22529 Hamburg, Germany
Managing Director / Publishing direction: Harald Hof
Print: Books on Demand GmbH, In de Tarpen 42, 22848 Norderstedt

koulu
sukuu

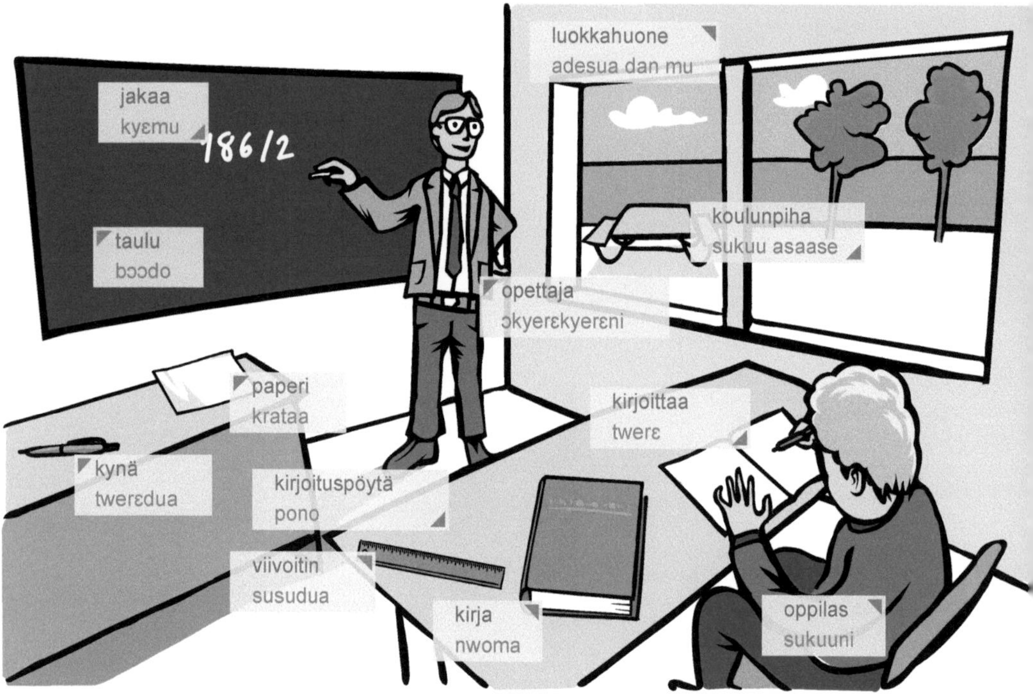
luokkahuone
adesua dan mu
jakaa
kyɛmu
186/2
taulu
bɔɔdo
koulunpiha
sukuu asaase
opettaja
ɔkyerɛkyerɛni
paperi
krataa
kirjoittaa
twerɛ
kynä
twerɛdua
kirjoituspöytä
pono
viivoitin
susudua
kirja
nwoma
oppilas
sukuuni

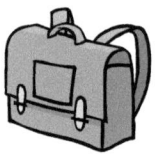

reppu

baage

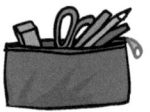

penaali

adeɛ wɔde twerɛdua hyɛ mu

lyijykynä

twerɛdua

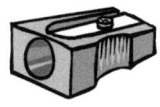

kynänteroitin

adea wɔde sensene twerɛdua ano

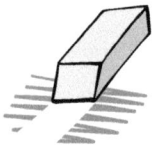

pyyhekumi

rɔba

piirustuslehtiö

drɔɔwin nkrataa

piirustus

drɔɔwin

pensseli

adeɛ a wɔde bɔ akaadoo mu

vesivärit

akaadoo adaka

sakset

apasoɔ

liima

aduro a wɔde sɔ nnɔɔma bɔ mu

harjoituskirja

krataa wɔyɛ dwumadie wɔ mu

kotitehtävä

efie adwuma

luku

nɔma

lisätä

ka bom

vähentää

te frim

kertoa

fabaho

laskea

bo ho nkonta

kirjain

atwerɛdeɛ

ABCDEFG HIJKLMN OPQRSTU VWXYZ

aakkoset

atwerɛdeɛ

sana

asɛm

teksti

atwerɛ

lukea

kan

liitu

chalk

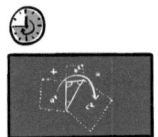

oppitunti

adesua

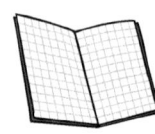

opettajan muistikirja

krataa a din ahodoɔ wɔ mu

koe

nsɔhwɛ

todistus

nimdeɛ krataa

koulupuku

sukuu ataadeɛ

koulutus

adesua

sanakirja

encyclopedia

yliopisto

suapon kɛseɛ

mikroskooppi

afidie a wɔde hwɛ adeɛ
aniwa ntumi nhunu

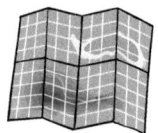

kartta

asaase mfonin a ɛwɔ krataa
so

roskakori

kɛntɛn a wɔde krataa na ayɛ
a wɔde nwura gu mu

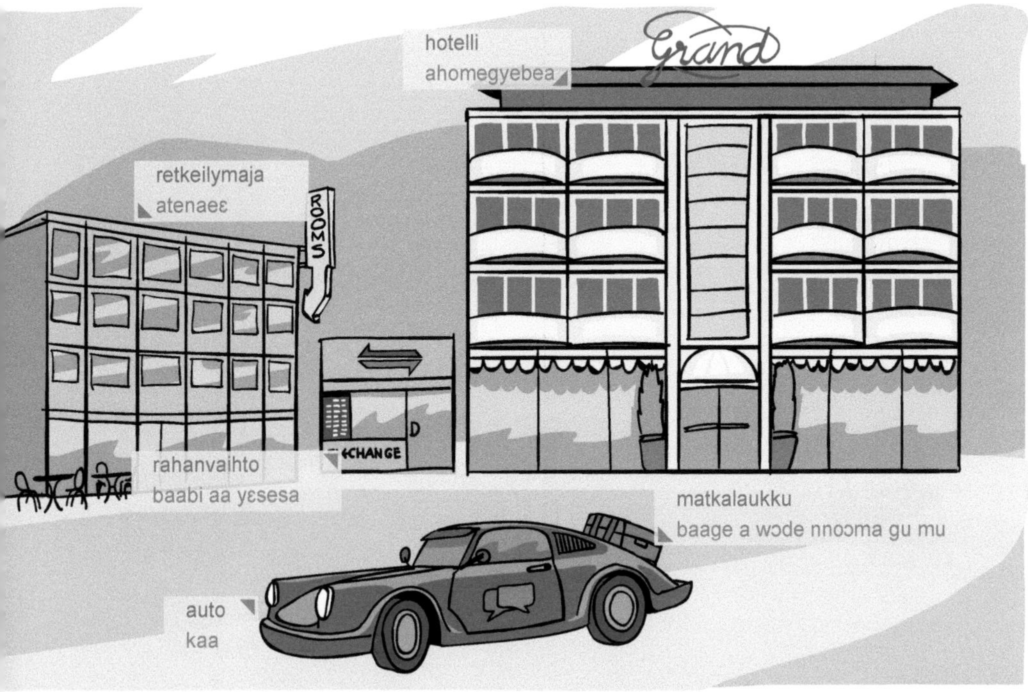

hotelli
ahomegyebea
Grand
retkeilymaja
atenaeɛ
ROOMS
rahanvaihto
baabi aa yɛsesa
EXCHANGE
matkalaukku
baage a wɔde nnoɔma gu mu
auto
kaa

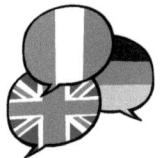

kieli
kasa

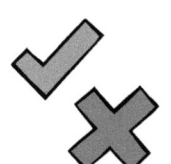

kyllä / ei
aane / daabi

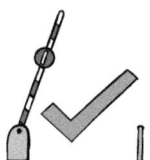

selvä
Yoo

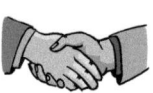

hei
hɛlo

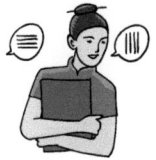

tulkki
deɛ wɔkyerɛkyerɛ kasa ase

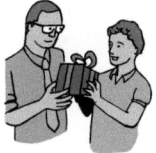

kiitos
Medaase

Paljonko...maksaa?

... ɛyɛ sɛn?

en ymmärrä

Menteaseɛ

ongelma

ɔhaw

Hyvää iltaa!

Maadwo!

Hyvää huomenta!

Maakye!

Hyvää yötä!

Da yie!

näkemiin

nante yie

suunta

akwankyerɛ

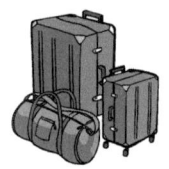

matkatavarat

nnɔɔma a wɔde tu kwan

laukku

kɔtɔkuo

reppu

baage a yɛde bɔ yakyi

vieras

ɔhɔhɔɔ

huone

danmu

makuupussi

bag a yɛda mu

teltta

ntomadan

turisti-info

adesrafoɔ nsɛm

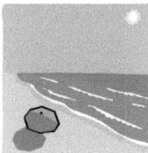

ranta

po ano

luottokortti

krɛdit kaade

aamupala

anopa aduane

lounas

awia aduane

päivällinen

anwumerɛ aduane

matkalippu

tikiti

hissi

pagya

postimerkki

agyinahyɛdeɛ

raja

ɛhyeɛ

tulli

adwumayɛfoɔ a wɔgyina
aman mmienu hyeɛ so

suurlähetystö

ɔman bi asoeɛ

viisumi

akwantuo krataa

passi

akwantuo krataa

kuljetus

ɛhyɛn

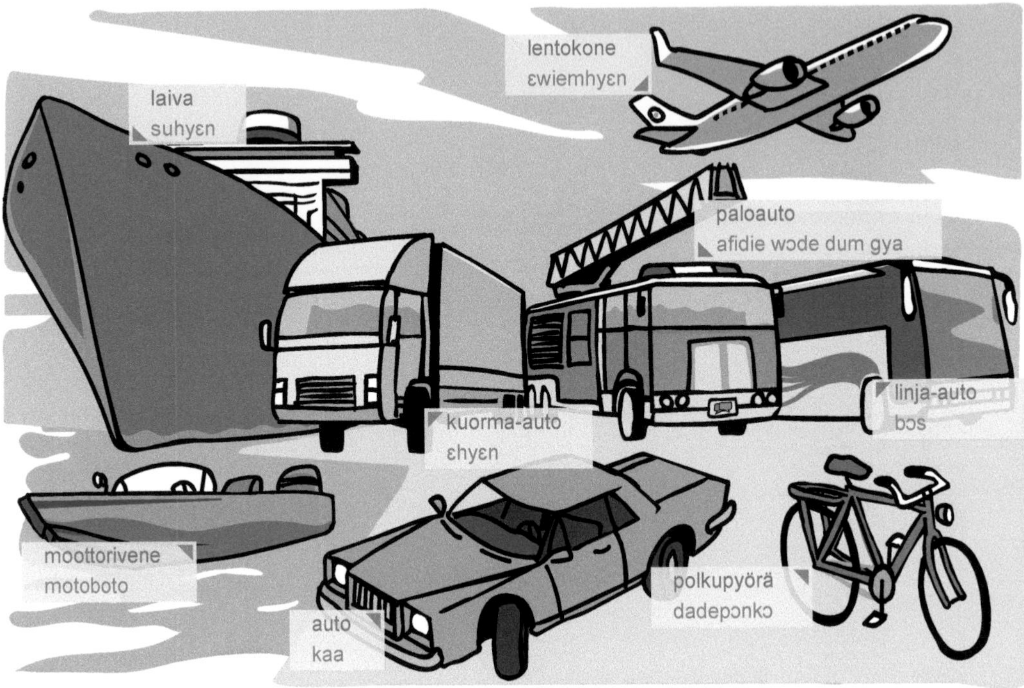

lentokone
ɛwiemhyɛn
laiva
suhyɛn
paloauto
afidie wɔde dum gya
linja-auto
bɔs
kuorma-auto
ɛhyɛn
moottorivene
motoboto
polkupyörä
dadepɔnkɔ
auto
kaa

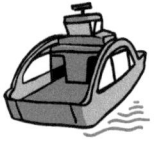

lautta

subonto

vene

suhyɛn

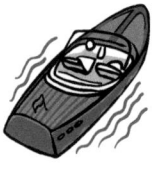

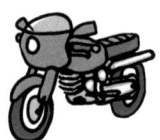

moottoripyörä

dadepɔnkɔ

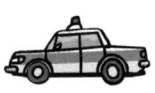

poliisiauto

apolisifoɔ kaa

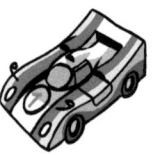

kilpa-auto

kaa a wɔde si akan

vuokra-auto

hyɛn aa yɛ hain

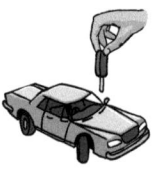

car sharing

kaa a wɔde ma obi de di dwuma

hinausauto

kaa a wɔde twe ɛhyɛn a asɛe

roska-auto

bɔɔla kaa

moottori

moto

polttoaine

ngo

huoltoasema

beaɛ a wɔtɔn pɛtro

liikennemerkki

trafik ahyɛnsodeɛ

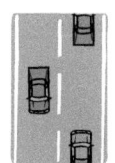

liikenne

trafik

ruuhka

ɛhyɛn ntumi nkɔ ntɛm

parkkipaikka

kaa gyinabea

rautatieasema

keteke steshin

raiteet

ketekye kwan

juna

ketekye

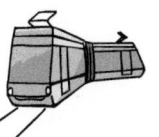

raitiovaunu

ketekye

vaunu

afidie a wɔtena mu wɔ wiem tu kwan

helikopteri

ewiemhyɛn

lentokenttä

dadeɛanoma gyinabea

lähilennonjohto

dan tentene

matkustaja

obi a wɔforo hyɛn

kontti

adaka

pahvilaatikko

adaka

kärryt

teaseɛnam

kori

kɛntɛn

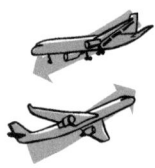

nousta / laskea

tu / si fam

kaupunki

kuropɔn

kylä

akurase

keskusta

kuropɔn hyiabea

talo

efie

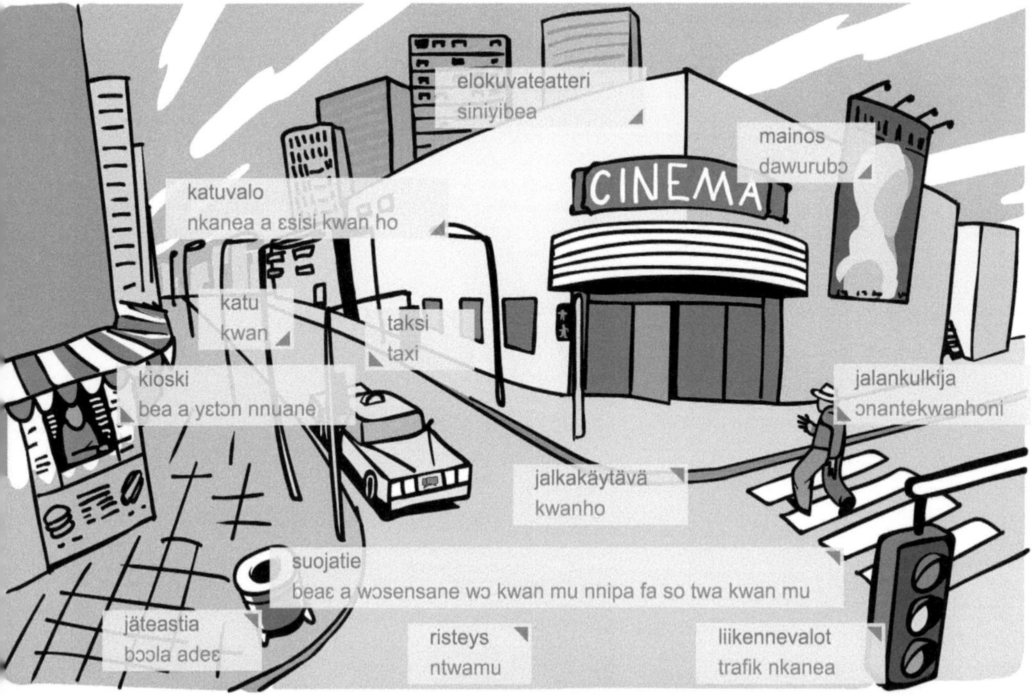
elokuvateatteri
siniyibea
mainos
dawurubɔ
CINEMA
katuvalo
nkanea a ɛsisi kwan ho
katu
kwan
taksi
taxi
kioski
bea a yɛtɔn nnuane
jalankulkija
ɔnantekwanhoni
jalkakäytävä
kwanho
suojatie
beaɛ a wɔsensane wɔ kwan mu nnipa fa so twa kwan mu
jäteastia
bɔɔla adeɛ
risteys
ntwamu
liikennevalot
trafik nkanea

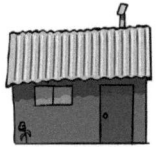

mökki

ntaabodan

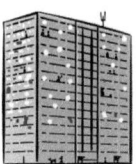

kerrostalo

tenabea

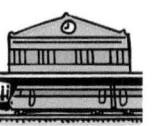

rautatieasema

keteke steshin

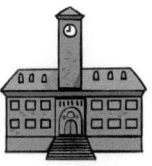

kaupungintalo

kurom nhyiadanmu

MUSEUM

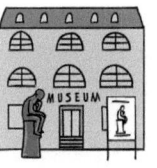

museo

mesiɔm

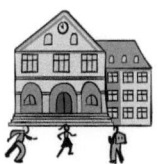

koulu

sukuu

yliopisto
suapon kɛseɛ

pankki
sikakorabea

sairaala
asopiti

hotelli
ahomegyebea

apteekki
beaɛ a wɔtɔn nnuro

toimisto
ɔfise

kirjakauppa
beaɛ a wɔtɔn nwoma

liike
beaɛ a wɔtɔn adeɛ

kukkakauppa
nhwiren kuani

supermarketti
dwakɛseɛmu

tori
dwamu

tavaratalo
asoeɛ sotɔ

kalakauppias
nnam tɔnfo

ostoskeskus
adetɔ beae

satama
suhyɛn gyinabea

puisto

agodibea

penkki

akonnwa

silta

nsamsɔɔ

portaat

adeɛ wɔee foro aborosan

metro

asaasease

tunneli

tɔkuro a w'atu no asaase
mu de ayɛ kwan

linja-autopysäkki

ɛhyɛn gyinabea

baari

nsanombea

ravintola

adidibea

postilaatikko

krataa adaka

katukyltti

kwan ahyɛnsodeɛ

parkkimittari

kaagyinaho meta

eläintarha

mmoakurabea

uimala

nsuo a wɔdware mu

moskeija

masalakyi

maatila

afuo

ympäristön saastuminen

ewiem sɛeɛ

hautausmaa

nsamanpɔ mu

kirkko

asore

leikkikenttä

agodibea

temppeli

hyiadan

maisema

asaase

lehti
ahaban

tienviitta
akyerɛkyerɛkwan

tie
kwan

niitty
sare asaase

kivi
boba

puu
dua

retkeilijä
pipo so foronii

joki
asubontene

ruoho
nsensan

kukka
nhwiren

laakso

ɛbɔn

vuori

bepɔ

järvi

sutadeɛ

metsä

kwaeɛ

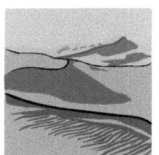

aavikko

ɛserɛ so

tulivuori

egya a ɛfiri bepɔ mu ba

linna

ahenfie

sateenkaari

nyankontɔn

sieni

mmire

palmu

abɛdua

hyttynen

ntontom

kärpänen

wasena

muurahainen

ntatea

mehiläinen

wowa

hämähäkki

ananse

kovakuoriainen

kukurubibi

sammakko

apɔnkyerɛnee

orava

opuro

siili

kotoko

jänis

adanko

pöllö

patuo

lintu

anomaa

joutsen

dabodabo

villisika

kɔkɔte

peura

wansane

hirvi

torɔm

pato

sutadeɛ

tuulimylly

mframa tɛɛbain

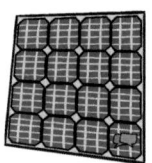

aurinkopaneeli

adeɛ ɛtwe anyinam ahoden
firi awia mu

ilmasto

ewiem

ravintola
adidibea

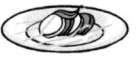

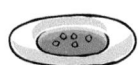

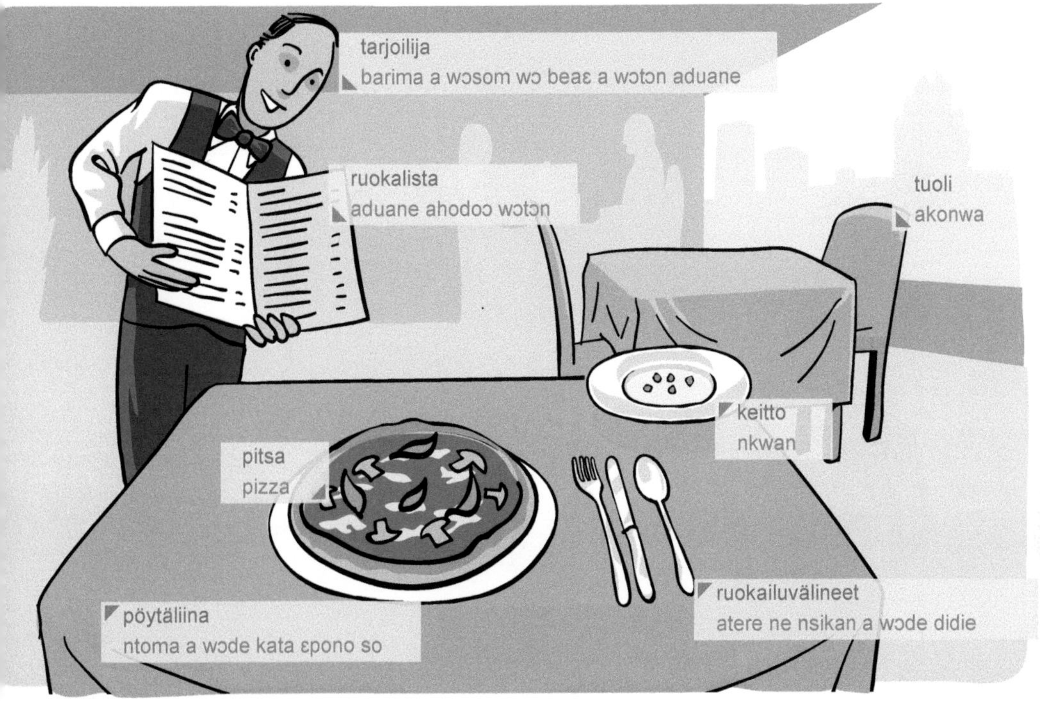
tarjoilija
barima a wɔsom wɔ beaɛ a wɔtɔn aduane
ruokalista
aduane ahodoɔ wɔtɔn
tuoli
akonwa
keitto
nkwan
pitsa
pizza
pöytäliina
ntoma a wɔde kata ɛpono so
ruokailuvälineet
atere ne nsikan a wɔde didie

alkuruoka

ahyɛaseɛ

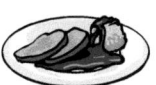

pääruoka

aduane titriw

jälkiruoka

nnɔkɔnnɔkwade

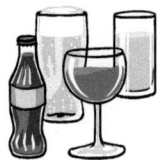

juomat

nsa

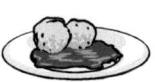

ruoka

aduane

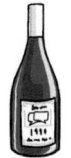

pullo

toa

pikaruoka

aduane wɔyɛ no ɔhare so

katuruoka

aduana a ɛyɛ kwan ho

teekannu

tea kukuo

sokeriastia

asikyire kyɛnsen

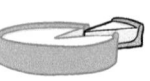

annos

fa

espressokeitin

espresso afidie

syöttötuoli

akonwa tenten

lasku

ka krataa

tarjotin

apanpan

veitsi

sikanmoa

haarukka

adinam

lusikka

atere

teelusikka

tea atere

servietti

ntoma a wɔde sɛ pono so

lasi

ahwehwɛ

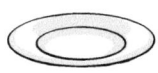

lautanen

plɛɛte

syvä lautanen

nkwan plɛɛte

aluslautanen

plɛte ketewa

kastike

frɔyɛ

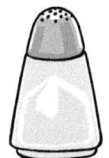

suolasirotin

nkyene kukuo

pippurimylly

adeɛ a wɔde twi mako

etikka

vinegar

öljy

anwa

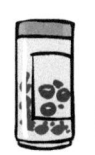

mausteet

atosodeɛ

ketsuppi

ketchup

sinappi

sinapi aba

majoneesi

mayonis

supermarketti
dwakɛseɛmu

tarjous
akwanya soronko
FOR
asiakas
obi a wɔtɔ wadeɛ
maitotuotteet
milikyi nnuane
hedelmät
nnuaba
tɔ adeɛ pia berɛ a wɔretɔ adeɛ

BUTCHERS

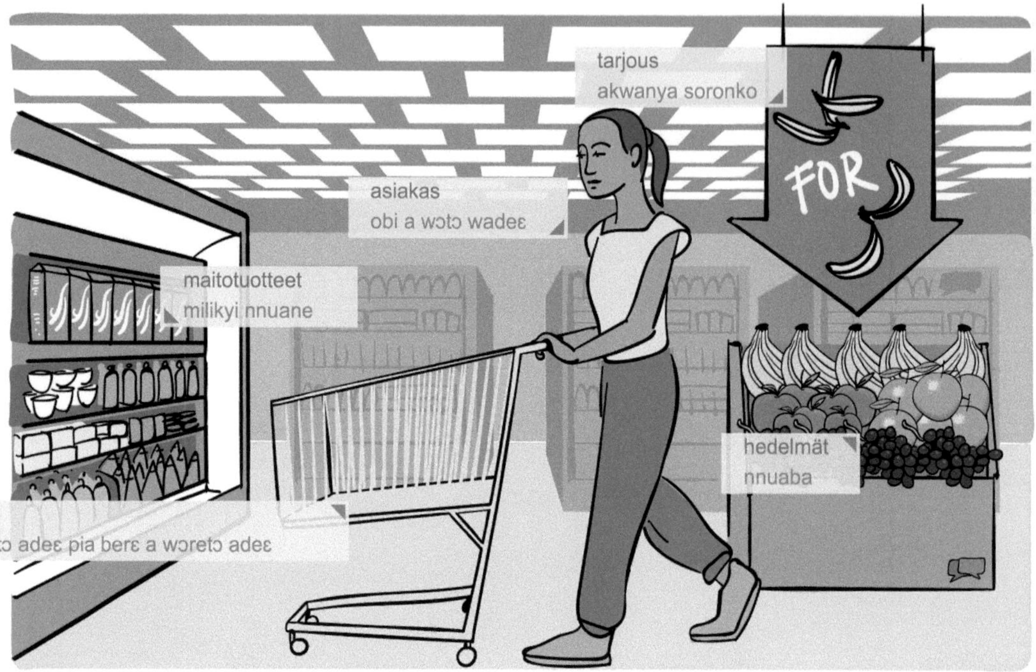

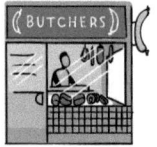

teurastamo

nnamtwafo

BAKERY

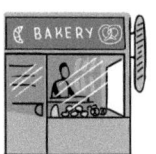

leipomo

brodotofo

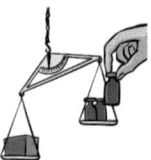

punnita

susu

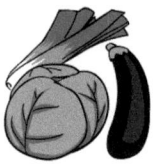

kasvikset

atosodeɛ

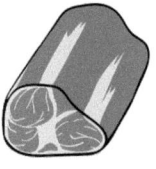

liha

nnam

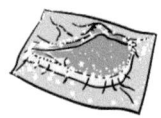

pakasteet

aduane a wɔde ahyɛ sukɔtwea adaka mu

leikkele

nnam a yɛy nwunu

säilykkeet

nnuane a ɛwɔ konku mu

pesujauhe

aduro a wɔde si nnooma

makeiset

adɔkɔkɔdɔkɔdeɛ

kotitaloustarvikkeet

efie nnooma

puhdistusaineet

nnuro a wɔde hohoro
nnooma ho

myyjä

adetɔni

kassa

adeɛ a wɔgye sika de gu mu

kassanhoitaja

obi a wɔhwɛ sika so

ostoslista

nnooma a wobɛtɔ

aukioloajat

mmerɛ a ɔmo de bue

lompakko

kotokuo

luottokortti

krɛdit kaade

kassi

botɔ

muovipussi

rɔba botɔ

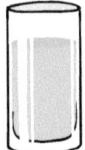

vesi

nsuo

mehu

aduaba mu nsuo

maito

milikyi

kokis

coke

viini

nsa

olut

beer

alkoholi

nsaden

kaakao

kookoo

tee

tea

kahvi

kɔfe

espresso

espresso

cappuccino

cappuccino

banaani

kwadu

omena

aprɛ

appelsiini

akutuo

meloni

mɛlɔn

sitruuna

akutuo

porkkana

karɔt

valkosipuli

galeke

bambu

mpampuro

sipuli

gyeene

sieni

mmire

pähkinät

nkateɛ

spagetti

talia

spagetti

talia

riisi

εmo

salaatti

salad

ranskalaiset

kyips

paistetut perunat

aborodwomaa w'akye

pitsa

pizza

hampurilainen

hamburger

voileipä

sandwiɔh

leike

ntwetwade

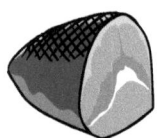

kinkku

prεko nam

salami

salami

makkara

sɔsegye

kana

akokɔnam

paisti

toto

kala

nsuomunam

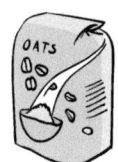

kaurahiutaleet

oats koko

mysli

muesli

murot

cornflakes

jauho

esam

voisarvi

croissant

sämpylä

brodo a yabobɔ

leipä

brodo

paahtoleipä

ho

keksit

biskit

voi

bɔta

rahka

koko

kakku

ɔfam

kananmuna

kosua

paistettu kananmuna

kosua a yakye

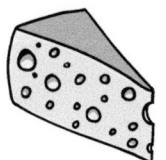

juusto

kyeese

jäätelö

ise krim

sokeri

asikyire

hunaja

ɛwoɔ

hillo

ɛam

suklaapähkinälevite

kyɔkolate a wɔde yɛ aduane
mu

curry

kɔri

maatila
afuo

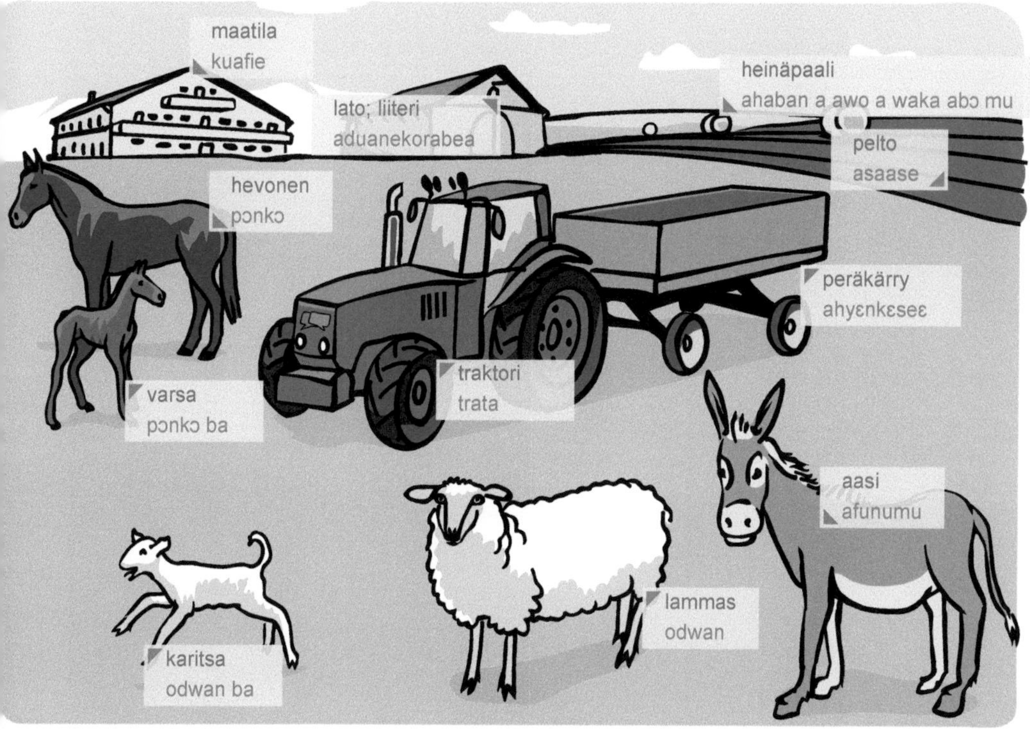
maatila
kuafie
lato; liiteri
aduanekorabea
heinäpaali
ahaban a awo a waka abɔ mu
pelto
asaase
hevonen
pɔnkɔ
peräkärry
ahyɛnkɛseɛ
traktori
trata
varsa
pɔnkɔ ba
aasi
afunumu
lammas
odwan
karitsa
odwan ba

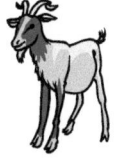

vuohi
apɔnkye

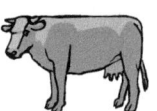

lehmä
nantwie

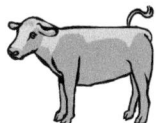

vasikka
nantwie ba

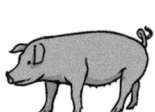

sika
prɛko

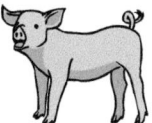

porsas
prɛko ba

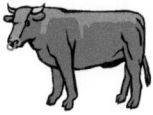

sonni
nantwinini

hanhi

dabodabo

ankka

dabodabo

tipu

akokɔba

kana

akokɔbedeɛ

kukko

akokɔnini

rotta

akura

kissa

agyinamoa

hiiri

akura

härkä

nantwi

koira

ɔkraman

koirankoppi

kramanfie

puutarhaletku

drobɛn a wɔde nsuo fa mu
gugu nnooma so

kastelukannu

toa wɔde nsuo gu mu de
gugu nnooma so

viikate

kantankrankyi

aura

afidie a wɔde funtum
asaase ani

sirppi

sɔsɔwa

kuokka

asɔ

talikko

fɔɔki kɛseɛ

kirves

akuma

kottikärryt

hweebaro

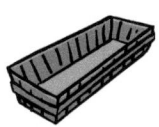

kaukalo

adea mmoa didi mu

maitokannu

milikyi konku

säkki

kotoku

aita

ɛban

talli

mmoa dan

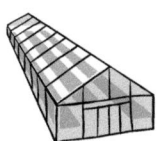

kasvihuone

nnuaba dan mu

maa

anwea

siemen

aba

lannoite

nnuro a wɔde gu mfudeɛ ho

leikkuupuimuri

nnuanetwa kaa kɛse

kerätä sato

twa

sato

mfudeɛ

jamssit

bayerɛ

vehnä

ayuo

soija

soya

peruna

aborɔdwomaa

maissi

aburo

rypsi

rapedua aba

hedelmäpuu

aduaba dua

maniokki

bankye

vilja

aburo aduane

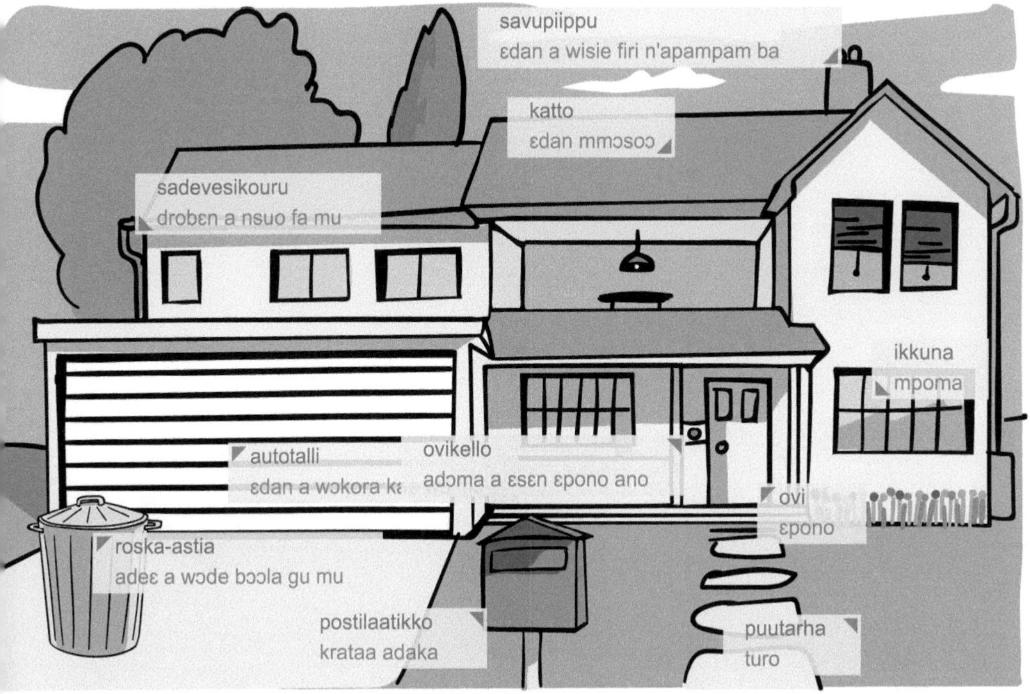

savupiippu
εdan a wisie firi n'apampam ba

katto
cocomu mmɔsoɔ

sadevesikouru
drobɛn a nsuo fa mu

ikkuna
mpoma

autotalli
εdan a wɔkora k...

ovikello
adɔma a εsεn εpono ano

ovi
εpono

roska-astia
adeε a wɔde bɔɔla gu mu

postilaatikko
krataa adaka

puutarha
turo

olohuone

εdan a wɔtena mu

kylpyhuone

adwareε

keittiö

gyaade

makuuhuone

piam

lastenhuone

abɔfra dan mu

ruokahuone

εdan a wɔdidi wɔ mu

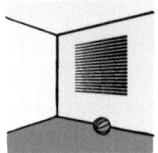

lattia

fam

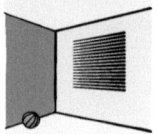

seinä

ɛban

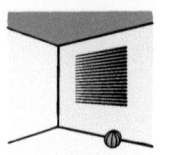

katto

siilin

kellari

ɛdan a ɛhyɛ fam

sauna

beaɛ a wɔkɔto hyew

parveke

pɔɔkye

terassi

asaase a wafuntum na
wɔde dua nnɔbaeɛ

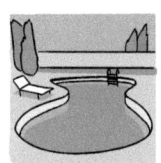

uima-allas

nsuo a wɔdware mu

ruohonleikkuri

afidie a wɔde dɔ

lakana

krataa

päiväpeitto

nnasɔɔ

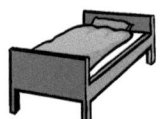

sänky

mpa

harja

praeɛ

ämpäri

bɔkiti

katkaisin

deɛ wɔde sɔ kanea

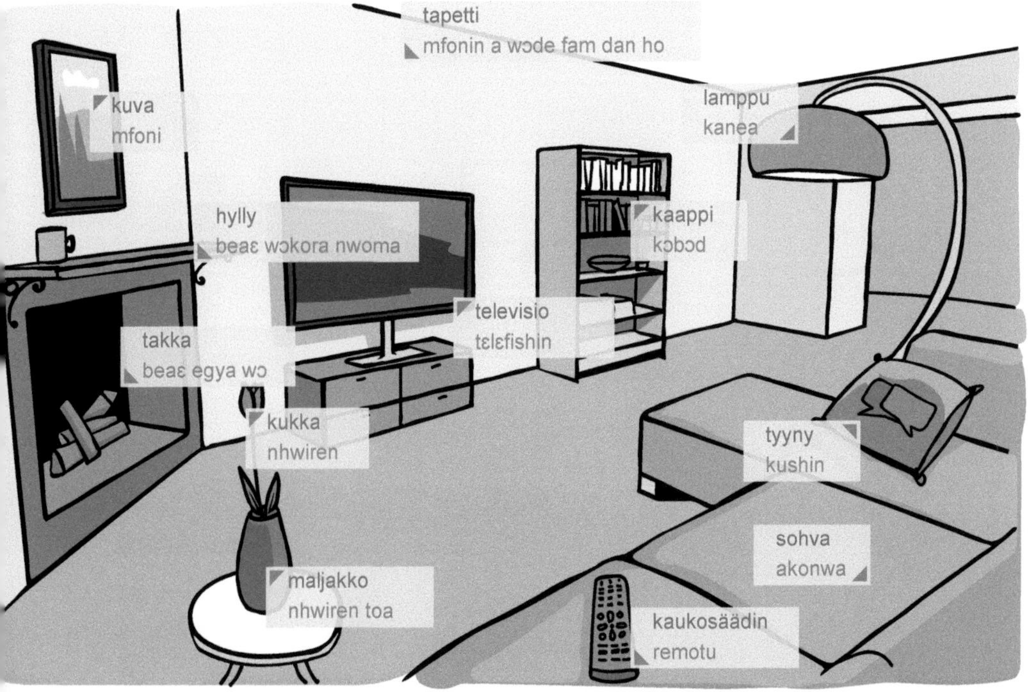

tapetti
mfonin a wɔde fam dan ho

kuva
mfoni

lamppu
kanea

hylly
beaɛ wɔkora nwoma

kaappi
kɔbɔd

takka
beaɛ egya wɔ

televisio
tɛlɛfishin

kukka
nhwiren

tyyny
kushin

sohva
akonwa

maljakko
nhwiren toa

kaukosäädin
remotu

matto

kapɛt

verho

kɛtin

pöytä

pono

tuoli

akonwa

keinutuoli

akonwa aa ɛkɔ anim ne akyi

nojatuoli

nsaakonwa

kirja

nwoma

peitto

kuntu

koriste

beaɛ asiesie

polttopuut

egya

elokuva

mfoni

stereot

hi-fi afidie

avain

safoa

sanomalehti

dawurubɔ krataa

maalaus

akaado

juliste

mfoni

radio

akasanoma

muistivihko

nwoma a wɔtwerɛ nsɛmpɔ
gu mu

pölynimuri

afidie a wɔde pra mfuturo

kaktus

cactus

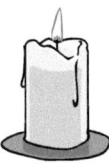

kynttilä

kandele

keittiö
gyaade

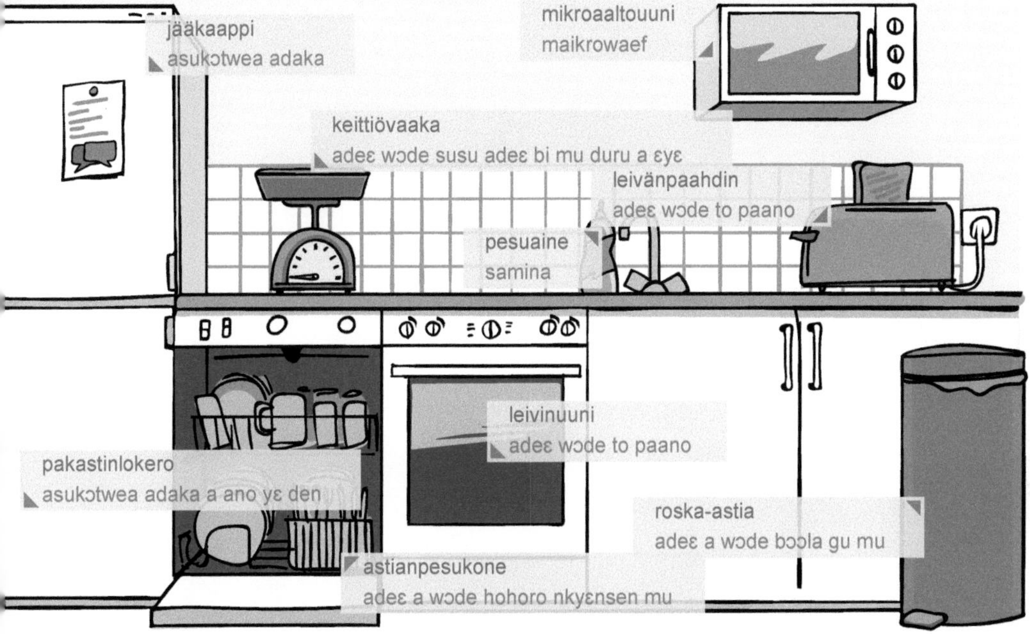

jääkaappi
asukɔtwea adaka
mikroaaltouuni
maikrowaef
keittiövaaka
adeɛ wɔde susu adeɛ bi mu duru a ɛyɛ
leivänpaahdin
adeɛ wɔde to paano
pesuaine
samina
leivinuuni
adeɛ wɔde to paano
pakastinlokero
asukɔtwea adaka a ano yɛ den
roska-astia
adeɛ a wɔde bɔɔla gu mu
astianpesukone
adeɛ a wɔde hohoro nkyɛnsen mu

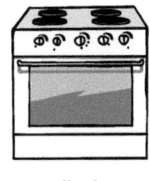

liesi

adeɛ a wɔde noa aduane

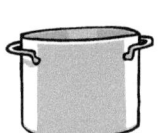

kattila

kukuo

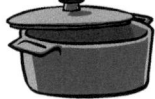

rautapata

dadesɛn

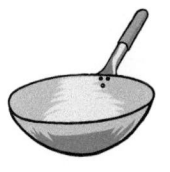

vokkipannu / kadai-pannu

wok / kadai

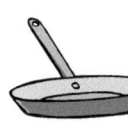

paistinpannu

pan

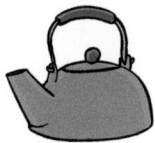

teepannu

adeɛ wɔde noa nsuo

höyrykeitin

nea yɛde ka aduane hye

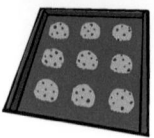

uunipelti

adeɛ woto so paano

astiat

nkyɛnsen a wɔdidi mu

muki

kuruwa

kulho

kyɛnsen

syömäpuikot

nnua a wɔde didie

kauha

kwantere

paistinlasta

atere

vispilä

adeɛ wɔde nu adeɛ mu

siivilä

sɔneɛ

siivilä

sɔneɛ

raastin

adeɛ a wɔde twi adeɛ

mortteli

waduro

grilli

adeɛ a wɔde toto nam

avotuli

egya a biribiara mmɔ ho ban

leikkuulauta

adeɛ a wɔtwitwa so nnooma

kaulin

adea wɔde twi nnooma

korkinavaaja

adeɛ a wɔde tu toa ano

purkki

konku

purkinavaaja

adeɛ wɔde bie konku so

pannulappu

nea yɛde sɔ kukuo mu

lavuaari

adeɛ a wɔhohoro nkyɛnse wɔ mu

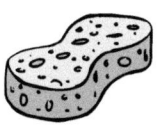

tiskiharja

adeɛ a wɔde twitwi

pesusieni

sapɔ

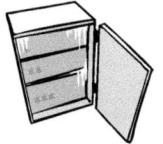

tehosekoitin

afidie wɔde yam nnuane

pakastin

asukɔtwea adaka a ano yɛ den

tuttipullo

abɔfra toa

vesihana

nsuo

kylpyhuone

adwareɛ

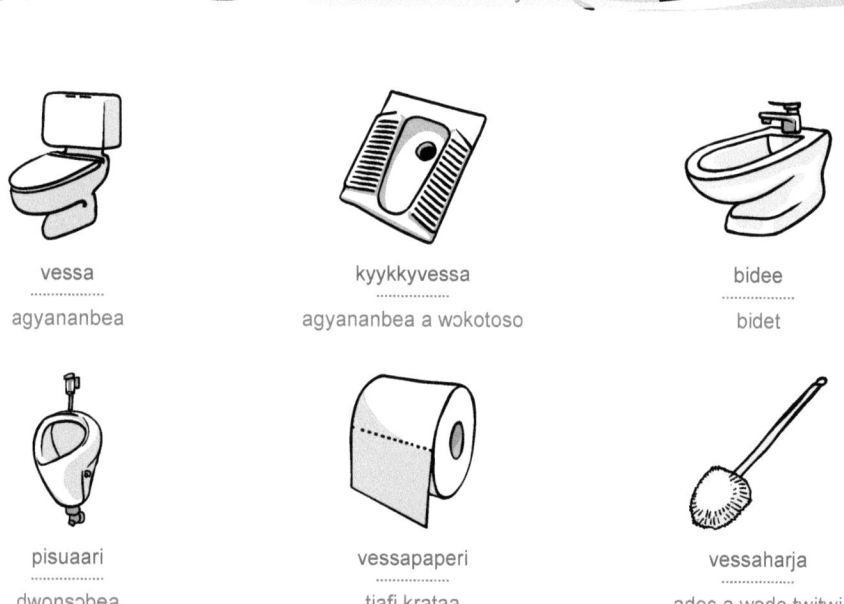

lämmitys
reka no hye
suihku
adwareɛ
pyyhe
taworo
suihkuverho
adwareɛ twamutam
vaahtokylpy
redware wɔ ahuro mu
kylpyamme
adeɛ wɔda mu de dware
lasi
ahwehwɛ
pesukone
afidie a wɔde si nnoɔma
vesihana
nsuo
kaakelit
tiles
potta
kuruwaba
lavuaari
adeɛ a wɔhohoro nkyɛnse wɔ mu

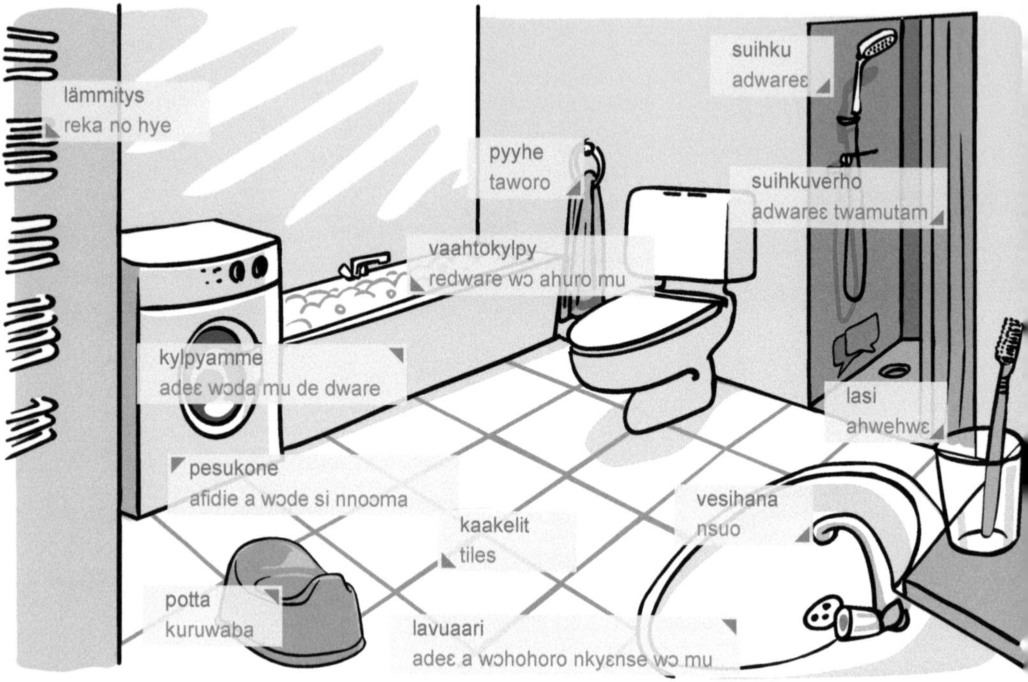

vessa

agyananbea

kyykkyvessa

agyananbea a wɔkotoso

bidee

bidet

pisuaari

dwonsɔbea

vessapaperi

tiafi krataa

vessaharja

adeɛ a wɔde twitwi agyanbea

hammasharja
adeɛ wɔde twitwiri ɛse

hammastahna
aduro wɔde twitwiri ɛse

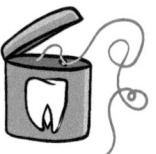

hammaslanka
adeɛ wɔde yiyi ɛse ntam

pestä
si

käsisuihku
adeɛ wɔsɔ mu de dware

intiimisuihku
adeɛ nsuo fa mu na wɔde
hohoro mmaa ase

pesuvati
adeɛ wɔsi nnooma wɔ mu

selkäharja
adeɛ wɔde twitwi yakyi

saippua
samina

suihkugeeli
adwareɛ samina

shampoo
deɛ wɔde hohoro tirinwii mu

pesulappu
ntoma wɔde asaawa na ayɛ

viemäri
nsuokwan

voide
nkuu

deodorantti
aduro a wɔde fa mmɔtoamu

peili

ahwehwɛ

käsipeili

ahwehwɛ kumaa

partaveitsi

yiwan

partavaahto

aduro a wɔde yi

partavesi

aduro a wɔde sera beaɛ wayi

kampa

afe

harja

brɔsh

hiustenkuivaaja

afidie a wɔde ka nwii ma no wo

hiuslakka

adeɛ wɔde aduro gu mu de gu nwii so

meikki

adeɛ wɔde yɛn wɔn anim

huulipuna

adeɛ wɔde keka ano

kynsilakka

aduro a wɔde ka mmɔwerɛ so

pumpuli

asaawa

kynsisakset

apasoɔ a wɔde twitwa mmɔwerɛ

hajuvesi

aduham

kosmetiikkalaukku

baage a wɔde nnooma gu
mu wɔ adwareɛ

jakkara

akonwa

vaaka

afidie a wɔde susu adeɛ bi
mu duro

kylpytakki

ataadeɛ wɔhyɛ berɛ a
wɔrekɔdware

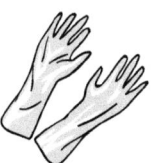

kumihansikkaat

adeɛ wɔde hyɛ wɔn nsa a
wɔde rɔba na ayɛ

tamponi

adeɛ wɔde twe nsuo firi
pirakuro mu

terveysside

deɛ mmaa de siesie wɔn ho
berɛ wɔn abu wɔn nsa

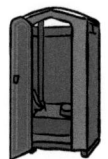

kemiallinen wc

agyananbea a wɔde nnuro
kora

lastenhuone
abɔfra dan mu

herätyskello
berɛkyerɛfoɔ a ɛtumi yɛ dede
pehmolelu
agodiaba a wɔde to wɔn nkyɛn da
leikkiauto
kaa agodiaba
helistin
akasaa
nukkekoti
beaɛ a wɔtɔn agodiaba pii
lahja
akyedeɛ

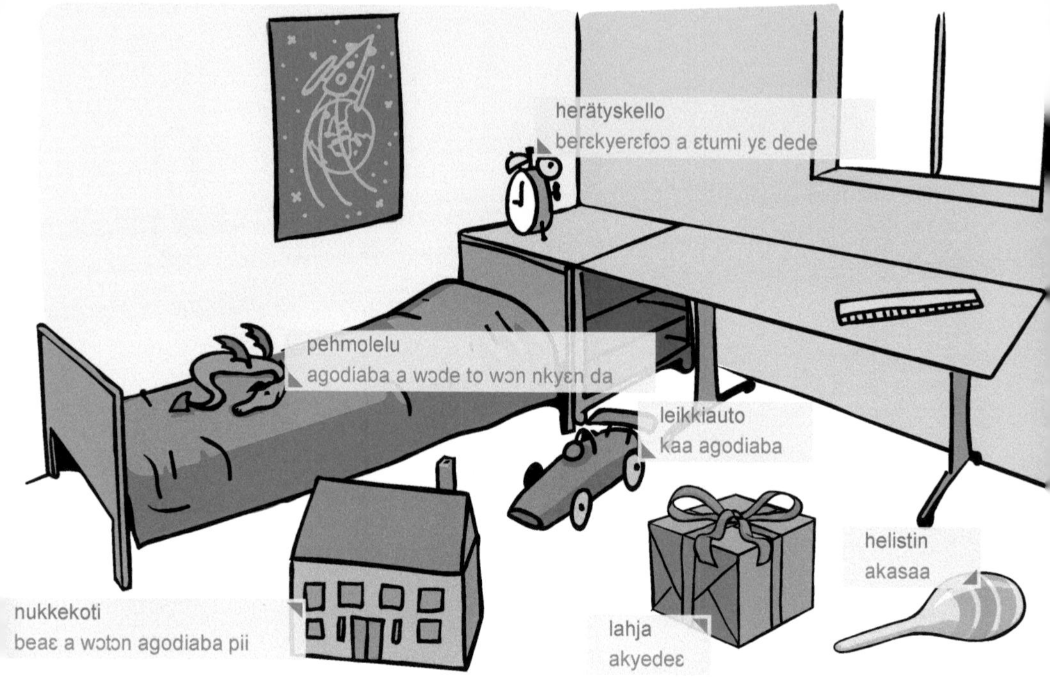

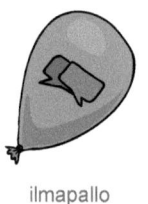

ilmapallo

baluu

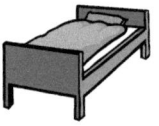

sänky

mpa

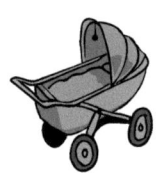

lastenvaunut

adeɛ a wɔde mmɔfra to mu pia wɔn

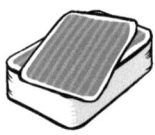

korttipeli

nkrataa a ɛhyɛ adaka mu

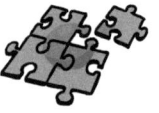

palapeli

mfonin asiniasini a wɔkeka si ani hyehyɛ

SUPER
MEGA

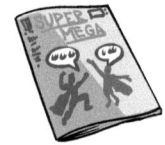

sarjakuva

mmɔfra aseresɛm nwoma

legopalikat

lego bricks

rakennuspalikat

blɔks a wɔde si dan

supersankari

mmɔfra agodiaba

potkupuku

mmɔfra ataade a wɔayɛ abɔ mu

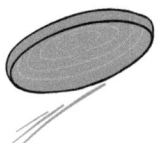

frisbee

frisbee

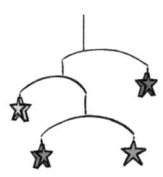

mobile

agodiaba a wɔde sensɛne mmɔfra mpa so

lautapeli

agorɔ a ɛwɔ pono so

noppa

ludu aba

pienoisjunarata

ketekye ketewa

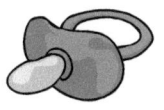

tutti

adeɛ a wɔde hyɛ mmɔfra anumu

juhlat

apontoɔ

kuvakirja

krataa mfonin wɔ mu

pallo

bɔɔlo

nukke

agodiaba

leikkiä

di agorɔ

hiekkalaatikko

adeɛ wɔde anwea agu mu a mmɔfra di mu agorɔ

keinu

adonko

lelut

agodiaba

pelikonsoli

afidie abɛɛfo agodie wɔ so a wobɔ

kolmipyörä

dadepɔnkɔ a ne nan yɛ mmiensa

nalle

sisire agodiaba

vaatekaappi

wɔdrop

sukat

adeɛ a wɔhyɛ ansa na wahyɛ mpaboa

nylonsukat

ataade tenten a wɔhyɛ wɔ wɔn nan ho

sukkahousut

ataadeɛ a ɛkyekyere deɛ wahyɛ no

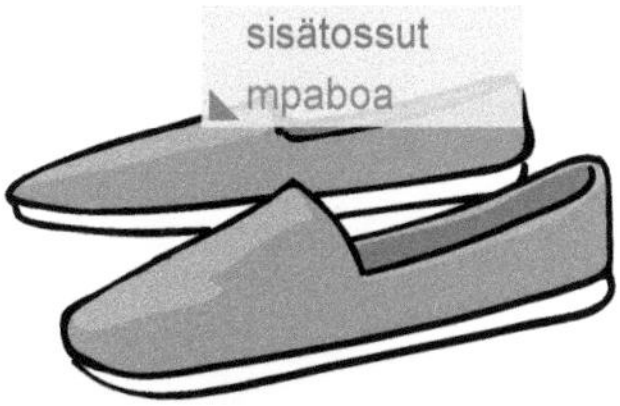

kaulaliina
duku

sateenvarjo
kyiniɛ

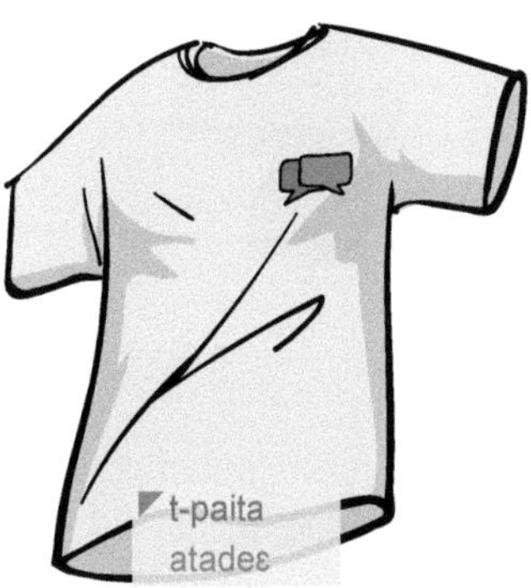

t-paita
atadeɛ

vyö
abɔɔmu

saappaat
mpaboa

sisätossut
mpaboa

lenkkarit
mpaboa

sandaalit
mpaboa

kengät
mpaboa

kumisaappaat
rɔba mpaboa

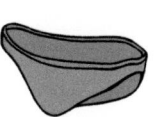

alushousut
drɔs

rintaliivit
adeɛ mmaa hyɛ de kora
wɔn nufu

aluspaita
fɛst

vaatteet - ataadeɛ

45

body
....
nipadua

housut
....
trɔsa

farkut
....
gyins

hame
....
skɛɛte

pusero
....
mmaa ataade soro

paita
....
ataadesoro

villapaita
....
swata

collegepaita
....
ataadeɛ a ɛkyɛ wɔ mu

jakku
....
kootu

takki
....
ataade ngusoɔ

takki
....
kootu

sadetakki
....
ataadeɛ wɔhyɛ berɛ nsuo retɔ

puku
....
ataadehyɛ

mekko
....
ataadeɛ

hääpuku
....
ayifrɔ atadeɛ

puku

ataade nkatasoo

yöpaita

ataadeɛ a yɛhyɛ de da

pyjama

pigyamas

shari

sari

päähuivi

duku

turbaani

duku

burka

ataadeɛ Nkramofoɔ mmaa
hyɛ na ɛkata wɔn tiri so de
kɔsi wɔn naŋ ase

kaftaani

kaftan

abaya

abaya

uimapuku

ataadeɛ a wɔhyɛ de dware
nsuo mu

uimahousut

nika

shortsit

nika

verkkarit

traksuit

esiliina

ntoma a wɔde kata wɔn
kɔnmu berɛ wɔreyɛ aduane

käsineet

adeɛ wɔde hyɛ wɔn nsa

nappi

batin

silmälasit

ahwehwɛniwa

rannekoru

adeɛ wɔde to wɔn nsa

kaulakoru

kɔnmuade

sormus

kawa

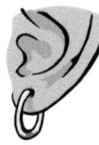

korvakoru

asomadeɛ

lippalakki

ɛkyɛ

ripustin

adeɛ a wɔde kootu hyɛ so

hattu

ɛkyɛ

solmio

abɔɔmenemu

vetoketju

zip

kypärä

ɛkyɛ a wɔhyɛ de twi
motosakre

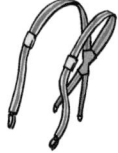

henkselit

bresis

koulupuku

sukuu ataadeɛ

univormu

ataadeɛ

ruokalappu

adeɛ a wɔde gu abɔfra kɔn
mu berɛ a wɔredidi

tutti

adeɛ a wɔde hyɛ mmɔfra
anumu

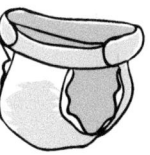

vaippa

moase tam

toimisto

ɔfise

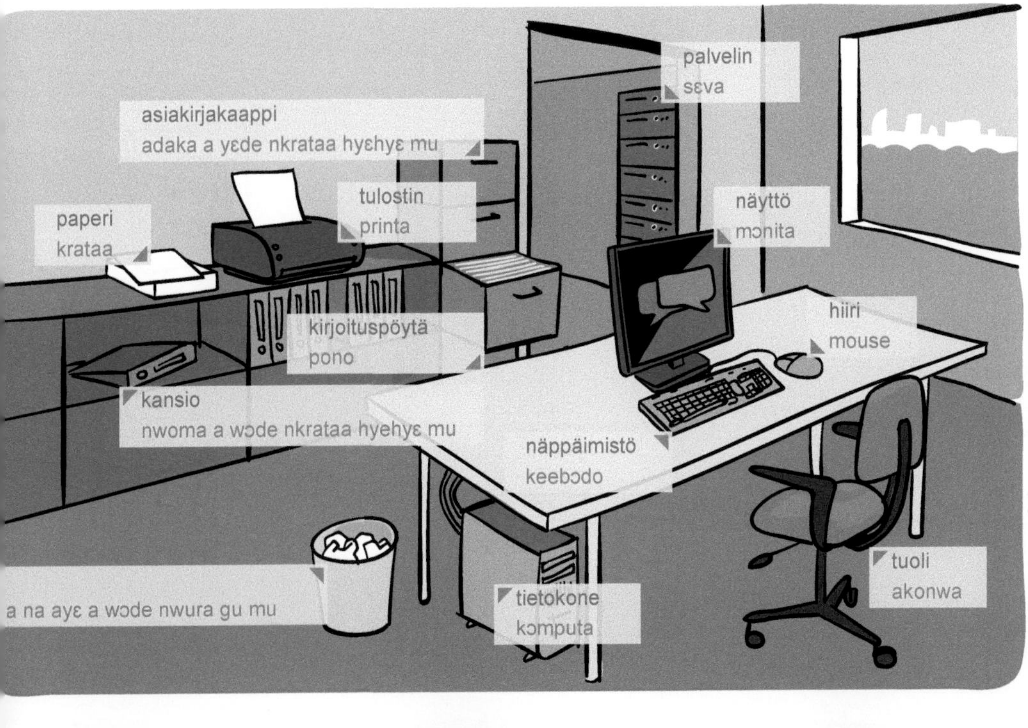

asiakirjakaappi
adaka a yɛde nkrataa hyɛhyɛ mu

palvelin
sɛva

paperi
krataa

tulostin
printa

näyttö
mɔnita

kirjoituspöytä
pono

hiiri
mouse

kansio
nwoma a wɔde nkrataa hyehyɛ mu

näppäimistö
keebodo

a na ayɛ a wɔde nwura gu mu

tuoli
akonwa

tietokone
kɔmputa

kahvimuki

kɔfe kuruwa

taskulaskin

afidie a wɔde bu nkonta

internet

intanɛt

kannettava tietokone

laptɔp

kirje

krataa

viesti

nkratɔɔ

kännykkä

mobile

verkko

nɛtwɛk

kopiokone

fotokɔpia

ohjelmisto

sɔftwɛɛ

puhelin

tetefon

pistorasia

plɔg sɔkɛti

faksi

fax afidie

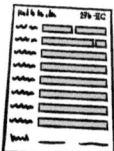

lomake

krataa

asiakirja

krataa

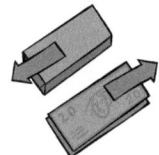

ostaa

tɔ

maksaa

tua

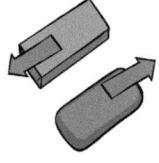

vaihtaa

tɔn

raha

sika

dollari

dollar

euro

euro

jeni

yen

rupla

rouble

frangi

Swiss franc

renminbi juan

renminbi yuan

rupia

rupee

pankkiautomaatti

sikabea

rahanvaihto

baabi aa yɛsesa

kulta

sikakɔkɔɔ

hopea

dwetɛ

öljy

ngo

energia

ahoɔden

hinta

ne boɔ

sopimus

nteaseɛ a ɛwɔ krataa so

vero

ɛtoɔ

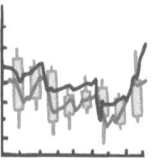

osake

stock

työskennellä

yɛ adwuma

työntekijä

odwumayɛni

työnantaja

obi a wafa obi adwumamu

tehdas

afidihyehyɛbea

liike

beaɛ a wɔtɔn adeɛ

ammatit
nnwuma ahodoɔ

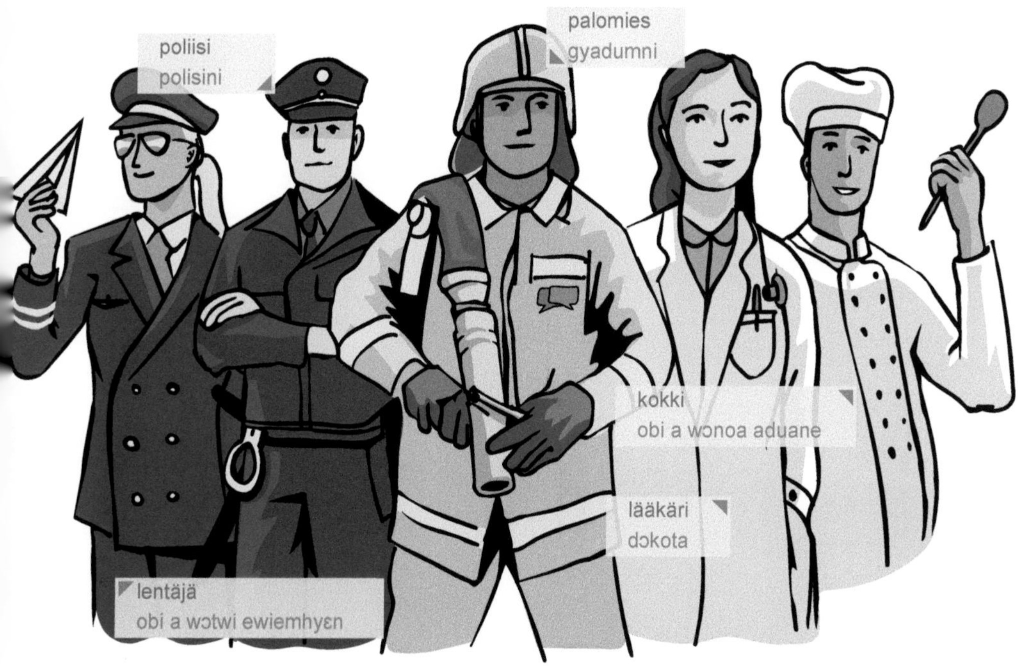
poliisi
polisini
palomies
gyadumni
kokki
obi a wɔnoa aduane
lääkäri
dɔkota
lentäjä
obi a wɔtwi ewiemhyɛn

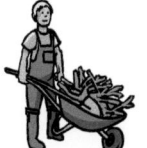

puutarhuri

kuani

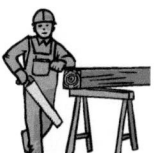

puuseppä

nnuaseni

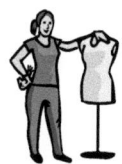

ompelija

ɔbaa a wɔpam adeɛ

tuomari

otɛnmuani

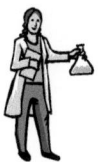

kemisti

dufrani

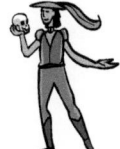

näyttelijä

siniyifoɔ

linja-autonkuljettaja

hyɛnkani

taksinkuljettaja

taxi drɔba

kalastaja

ɔfarifo

siivooja

ɔbaa wɔpopa beaɛ

katontekijä

obi a wɔbɔ dan so

tarjoilija

barima a wɔsom wɔ beaɛ a
wɔtɔn aduane

metsästäjä

ɔbɔmɔfo

maalari

obi wɔde akaado keka ɛden
ne nnɔɔma aka ho

leipuri

brodotofo

sähköasentaja

obi a wɔyɛ nkaneɛ ho
adwuma

rakentaja

dansifo

insinööri

obi a wɔyɛ mfidie akɛseɛ ho
adwuma

teurastaja

namtɔnfo

putkiasentaja

obi a wɔhyehyɛ drɔbɛn a
nsuo fa mu

postinjakaja

obi a wɔde nkrataa a
amanfoɔ atwerɛ soma no

sotilas

ɔsrani

arkkitehti

obi a wɔyɛ adansie ho
adwuma

kassanhoitaja

obi a wɔhwɛ sika so

floristi

obi a wɔtɔn nhwiren

kampaaja

obi a wɔyɛ tire

konduktööri

deɛ wɔgyegye sika wɔ
ɛhyɛn mu

mekaanikko

obi a wɔsiesie ɛhyɛn

kapteeni

panin

hammaslääkäri

dɔkota a wɔhwɛ se

tiedemies

abodeɛmu nyasapɛni

rabbi

ɔkyerɛkyerɛni

imaami

imam

munkki

monk

pappi

sofo

työkalut
akadeɛ

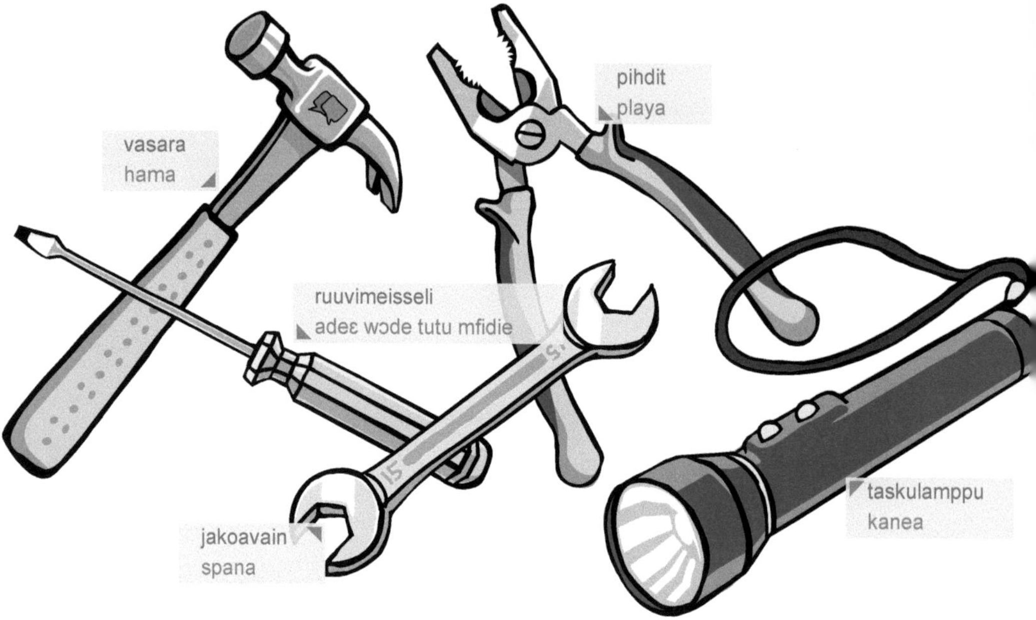

vasara
hama
pihdit
playa
ruuvimeisseli
adeɛ wɔde tutu mfidie
jakoavain
spana
taskulamppu
kanea

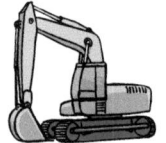

kaivinkone

afidie a wɔde tu fam

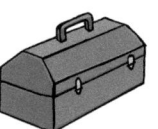

työkalupakki

adaka a wɔde nnoɔma a wɔde yɛ adwuma gu mu

tikkaat

atwedeɛ

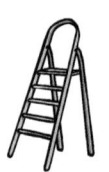

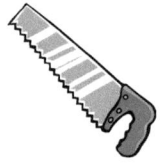

saha

sradaa

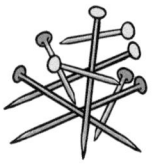

naulat

nnadowa

pora

afidie a wɔde mmia nnoɔma mu

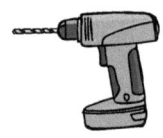

korjata
siesie

lapio
sofi

Hitto!
Yieee!

rikkalapio
asesa nwura

maalipurkki
akaado kora

ruuvit
dadeɛ wɔde bobɔ nnoɔma mu

soittimet

mfidie a wɔde bɔ nnwom

kaiuttimet
afidie a kasa fa mu

rummut
ntwene

kontrabasso
bas mmienu

trumpetti
totrobɛnto

kitara
ahoma nsia

piano

sankuo

viulu

sankuo

basso

ahoma nsia

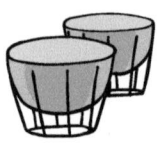

patarummut

timpani

rumpu

ntwene

kosketinsoitin

sankuo

saksofoni

sasofon

huilu

trobɛnto

mikrofoni

akasanoma

eläintarha
mmoakurabea

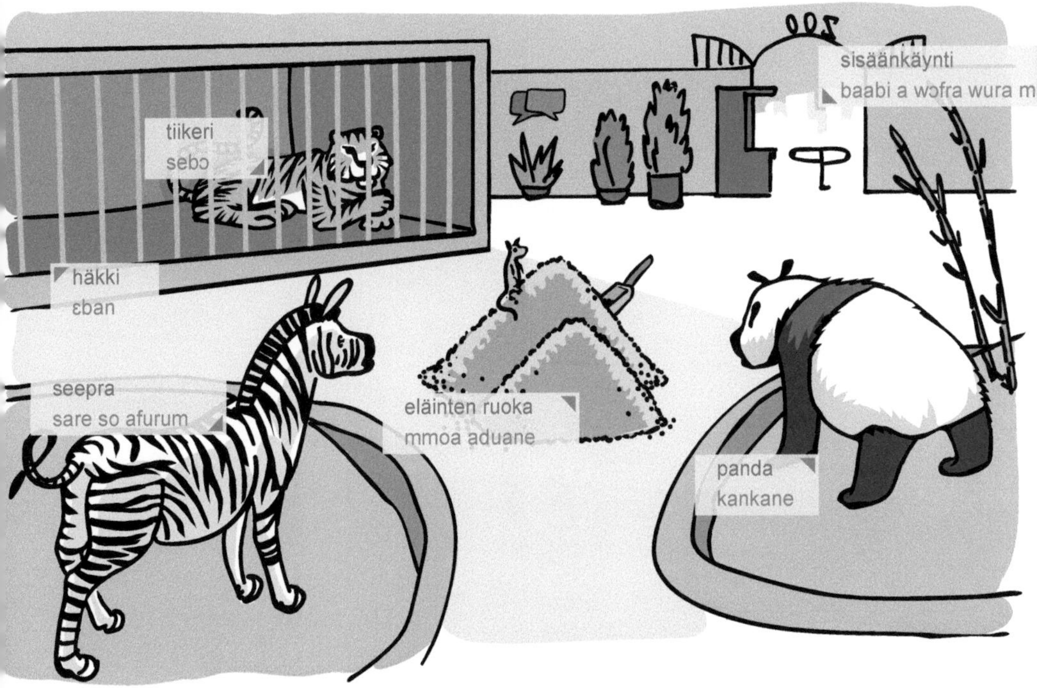

tiikeri
sebɔ
sisäänkäynti
baabi a wɔfra wura mu
häkki
ɛban
seepra
sare so afurum
eläinten ruoka
mmoa aduane
panda
kankane

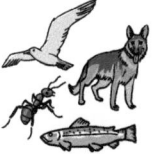

eläimet

mmoa

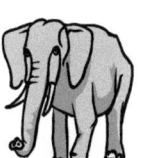

norsu

ɔsono

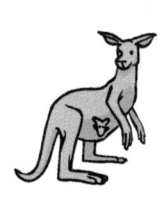

kenguru

kangaroo

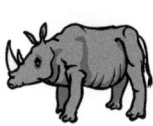

sarvikuono

bɛnkorɔ

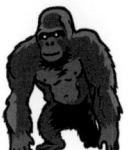

gorilla

akaatia

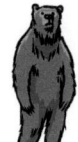

karhu

sisire

kameli

yoma

strutsi

sohori

leijona

gyata

apina

kontromfi

flamingo

asukɔnkɔn

papukaija

ako

jääkarhu

sisire

pingviini

penguin

hai

oboodede

riikinkukko

kohaa

käärme

ɔwɔ

krokotiili

dɛnkyɛm

eläintarhanhoitaja

mmoasohwɛfo

hylje

sukraman

jaguaari

sebɔ

poni

pɔnkɔ ketewa

leopardi

etwie

virtahepo

susono

kirahvi

kɔntenten

kotka

ɔkɔdeɛ

villisika

kɔkɔte

kala

nsuomunam

kilpikonna

sudanda

mursu

sukraman

kettu

sakraman

gaselli

adowa

amerikkalainen jalkapallo
Amerika bɔɔlo

pyöräily
dadepɔnkɔ twie akansie

tennis
tɛnɛs

koripallo
baskɛtbɔɔlo

uinti
nsuo dwareɛ

jääkiekko
hɔki a wɔbɔ no wɔ asukɔt

nyrkkeily
akutrukubɔ

jalkapallo

bɔɔlo

sulkapallo

badminton

yleisurheilu

mmirikatuo

käsipallo

nsa bɔɔlo

hiihto

asukɔtwea so agorɔ

poolo

polo

hypätä
huri

nauraa
sre

halata
fam

kävellä
nante

laulaa
to nwom

rukoilla
bɔ mpaeɛ

suudella
fe ano

unelmoida
so daeɛ

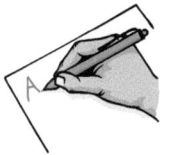

kirjoittaa

twerɛ

piirtää

dwidwi

näyttää

kyerɛ

painaa

pia

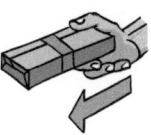

antaa

ma

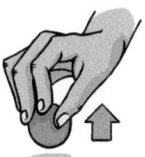

ottaa

fa

omistaa

gye

tehdä

yɛ

olla

yɛ

seisoa

gyina

juosta

tu mirika

vetää

twe

heittää

to

kaatua

tɔ fam

maata

twa ntorɔ

odottaa

twɛn

kantaa

soa

istua

tena ase

pukeutua

hyɛ atadeɛ

nukkua

da

herätä

sɔre

katsoa

hwɛ

itkeä

su

silittää

fa wo nsa fefa ho

kammata

nunu wotirim

puhua

kasa

ymmärtää

te aseɛ

kysyä

bisa

kuunnella

tie

juoda

nom

syödä

didi

siivota

siesie

rakastaa

dɔ

keittää

noa

ajaa

ka kaa

lentää

tu

purjehtia

ka

laskea

bo ho nkonta

lukea

kan

oppia

sua

työskennellä

yɛ adwuma

mennä naimisiin

ware

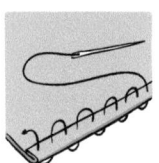

ommella

pam

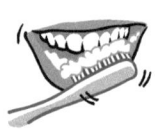

pestä hampaat

twitwi wo se

tappaa

kum

tupakoida

hye

lähettää

soma

perhe
abusua

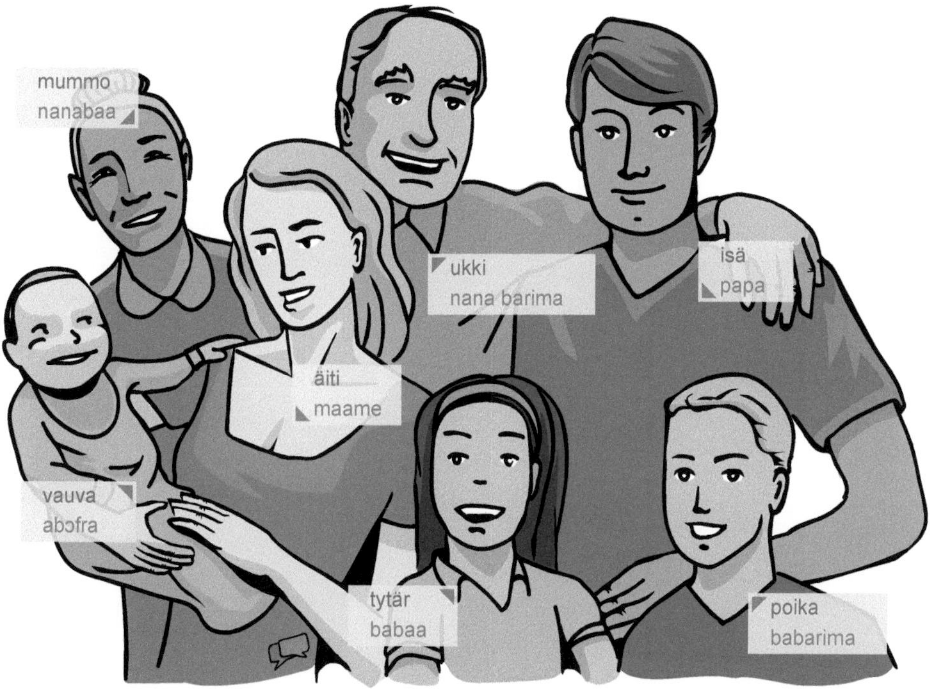
mummo
nanabaa
ukki
nana barima
isä
papa
äiti
maame
vauva
abɔfra
tytär
babaa
poika
babarima

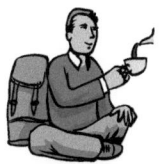

vieras

ɔhɔhoɔ

täti

sewaa

setä

wɔfa

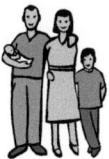

veli

nua barima

sisko

nuabaa

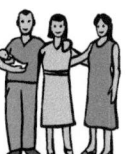

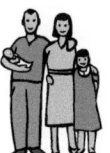

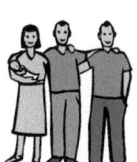

vartalo

nipadua

otsa
moma
silmä
ani
olkapää
abatire
sormet
nsatea
kasvot
anim
leuka
abodweɛ
käsi
nsa
jalka
nan
rinta
nufuoɔ
käsivarsi
abasa

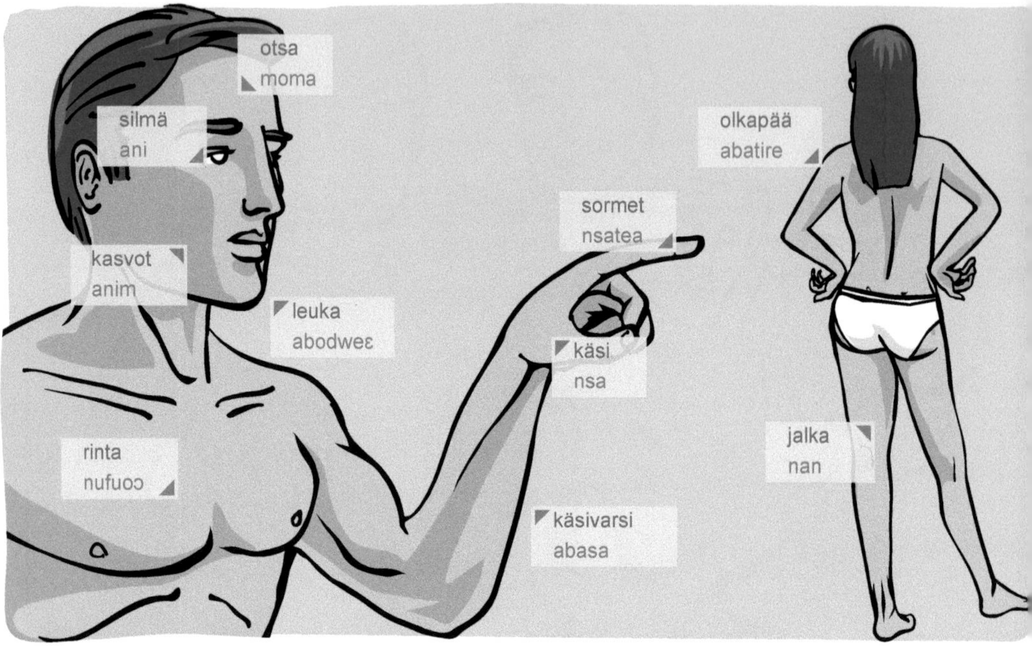

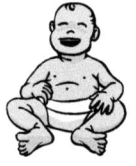

vauva

abɔfra

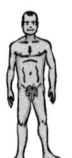

mies

barima

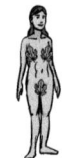

nainen

ɔbaa

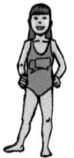

tyttö

abaayewa

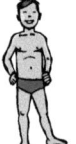

poika

abarimaa

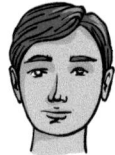

pää

ɛtire

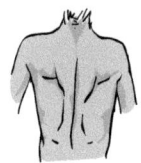

selkä

akyi

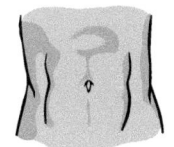

maha

yafunu

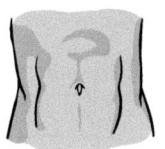

napa

furuma

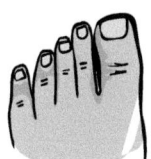

varvas

nansoa

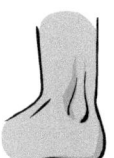

kantapää

nantini

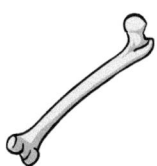

luu

dompe

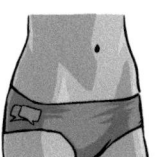

lantio

sisi

polvi

kotodwe

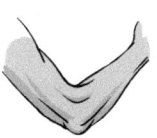

kyynärpää

abatwerε

nenä

hwene

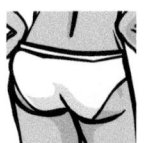

takapuoli

εtoɔ

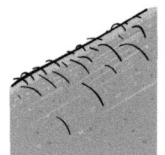

iho

wedeε

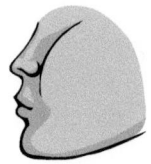

poski

afono

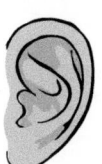

korva

aso

huuli

ano

suu

ano

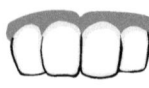

hammas

ɛse

kieli

tɛkyerɛma

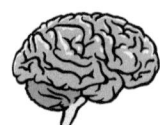

aivot

adwene

sydän

akoma

lihas

honam

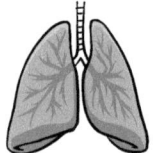

keuhkot

ahrawa

maksa

brɛboɔ

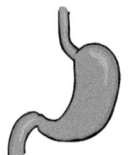

vatsa

afuro

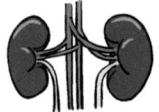

munuaiset

sawa

seksi

barima ne ɔbaa nna mu
nhyiamu

kondomi

kondɔm

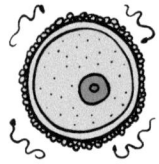

munasolu

nkosua a ɛwɔ obaa mu

sperma

barima ho nsuo

raskaus

nyinsɛn

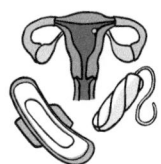

kuukautiset

brayɔ

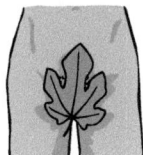

vagina

ɛtwɛ

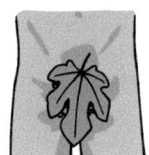

penis

kɔteɛ

kulmakarvat

aniakyi nwii

hiukset

nwii

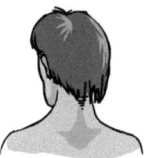

niska

kɔn

sairaala
asopiti

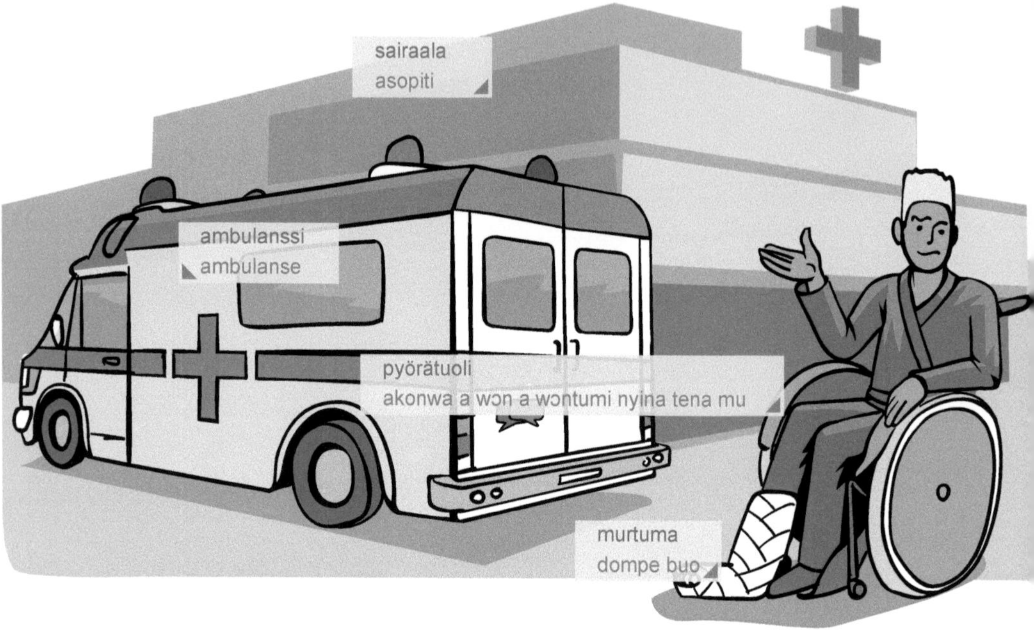

sairaala
asopiti
ambulanssi
ambulanse
pyörätuoli
akonwa a wɔn a wɔntumi nyina tena mu
murtuma
dompe buo

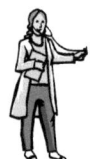

lääkäri
dɔkota

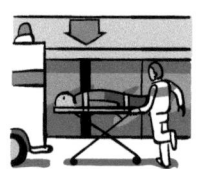

ensiapu
ɛdan a wɔde wɔn a wɔn apira kɔ mu kɔhwɛ wɔn ɔhare so

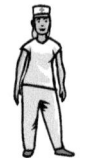

sairaanhoitaja
nɛɛse

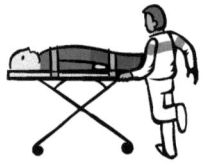

hätätilanne
putupru

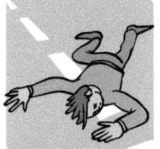

tajuton
fenti

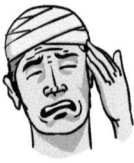

kipu
yaw

vamma

pira

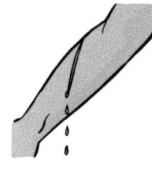

verenvuoto

mogyatuo

sydänkohtaus

akoma yareɛ

aivoinfarkti

nwodwoɔ yareɛ

allergia

adeɛ wo honam mpɛ

yskä

ɛwa

kuume

ahoɔhyeɛ

flunssa

papu

ripuli

ayɛmhwie

päänsärky

tiripayɛ

syöpä

kokoram

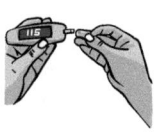

diabetes

asikyire yareɛ

kirurgi

dɔkotani wɔpaepae obi sa
no yareɛ

veitsi

sekamma

leikkaus

repaepae obi ho asa no
yareɛ

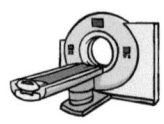

ct
CT

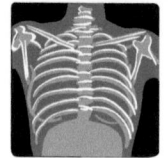

röntgen
x-ray

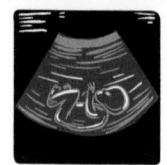

ultraääni
mfonin a wɔtwa de hwɛ awodeɛ mu

maski
anim nkatadeɛ

sairaus
yareɛ

odotushuone
dan aa yɛtwɛn wɔ mu

sauva
klɔkye

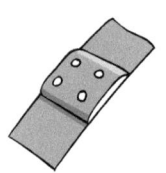

laastari
plasta

side
bandege

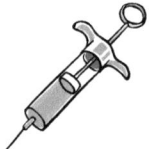

pistos
paneɛ

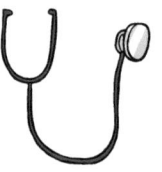

stetoskooppi
afidie a wɔde tie dede wɔ nnipa ho

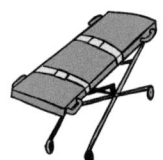

paarit
mpa

kuumemittari
afidie wɔde hwɛ ahoɔhyeɛ

syntymä
awoɔ

ylipaino
kɛseyɛ mmorosoɔ

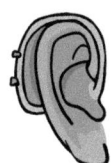

kuulolaite

afidie a ɛboa ma obi te
asɛm yie

desinfiointiaine

aduro a wɔde ko tia
yaremmoa bateria

infektio

yareɛ nsaeɛ

virus

yaremmoawa

HIV / AIDS

HIV / AIDS

lääke

aduro

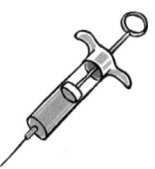

rokotus

nsianoaduru paneɛwɔ

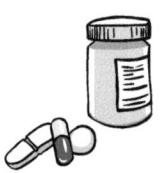

tabletit

nnuro a wɔmene

pilleri

aduro a wɔmene

hätäpuhelu

putupru frɛ

verenpainemittari

afidie a wɔde hwɛ sɛdeɛ
mogya di aforosane

sairas / terve

yareɛ / ahuɔden

Apua!

Boa me!

hälytys

alam

ryöstö

repira obi

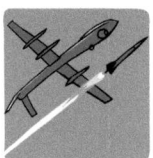

hyökkäys

to hyɛ biribi so

vaara

amanee

hätäuloskäynti

kwan a wɔfa so pue berɛ
asɛm asi putupuru

Tulipalo!

Egya!

palosammutin

adeɛ a wɔde dum gya

onnettomuus

akwanhyia

ensiapulaukku

mmoa a edikan akadeɛ

SOS

SOS

poliisilaitos

polisi

Eurooppa

Europe

Pohjois-Amerikka

North America

Etelä-Amerikka

South America

Afrikka

Afrioa

Aasia

Asia

Australia

Australia

Atlantin valtameri

Atlantic

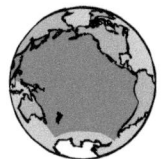

Tyynimeri

Pacific

Intian valtameri

Indian Ocean

Eteläinen jäämeri

Antartic Ocean

Pohjoinen jäämeri

Arctic Ocean

pohjoisnapa

North Pole

etelänapa

South Pole

Antarktis

Atartica

maa

Ewiase

maa

asaase

meri

ɛpo

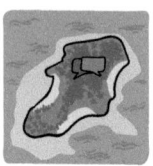

saari

ɛpoano

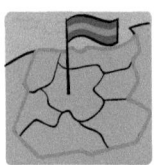

kansa

ɔman

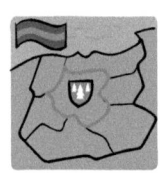

osavaltio

ɔman

kellotaulu

mmerɛ kyerɛfoɔ no anim

tuntiviisari

dɔnhwere nsa

minuuttiviisari

sima nsa

sekuntiviisari

anitɛtɛ nsa

Paljonko kello on?

Abɔ sɛn?

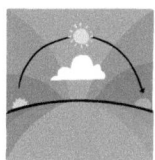

päivä

da

aika

mmerɛ

nyt

seisei ara

digitaalikello

abɛɛfo mmerɛ kyerɛfoɔ

minuutti

sima

tunti

dɔnhwere

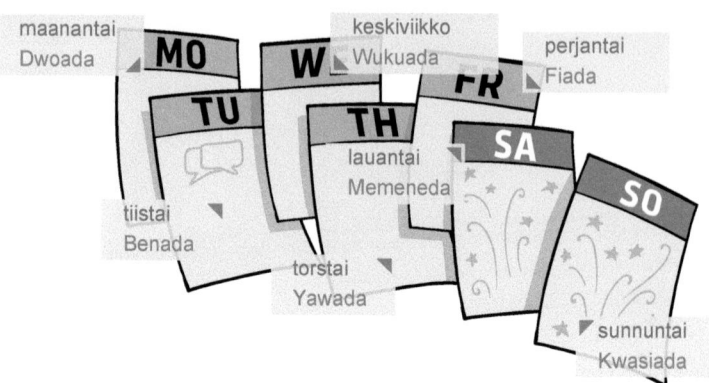

maanantai
Dwoada

keskiviikko
Wukuada

perjantai
Fiada

lauantai
Memeneda

tiistai
Benada

torstai
Yawada

sunnuntai
Kwasiada

eilen
....
ɛnora

tänään
....
nnɛ

huomenna
....
ɔkyena

aamu
....
anɔpa

keskipäivä
....
awia

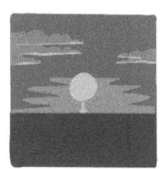

ilta
....
anwummerɛ

MO	TU	WE	TH	FR	SA	SU
1	2	3	4	5	6	7
8	9	10	11	12	13	14
15	16	17	18	19	20	21
22	23	24	25	26	27	28
29	30	31	1	2	3	4

työpäivät
....
adwuma nna

MO	TU	WE	TH	FR	SA	SU
1	2	3	4	5	6	7
8	9	10	11	12	13	14
15	16	17	18	19	20	21
22	23	24	25	26	27	28
29	30	31	1	2	3	4

viikonloppu
....
nnawɔtwe awieɛ

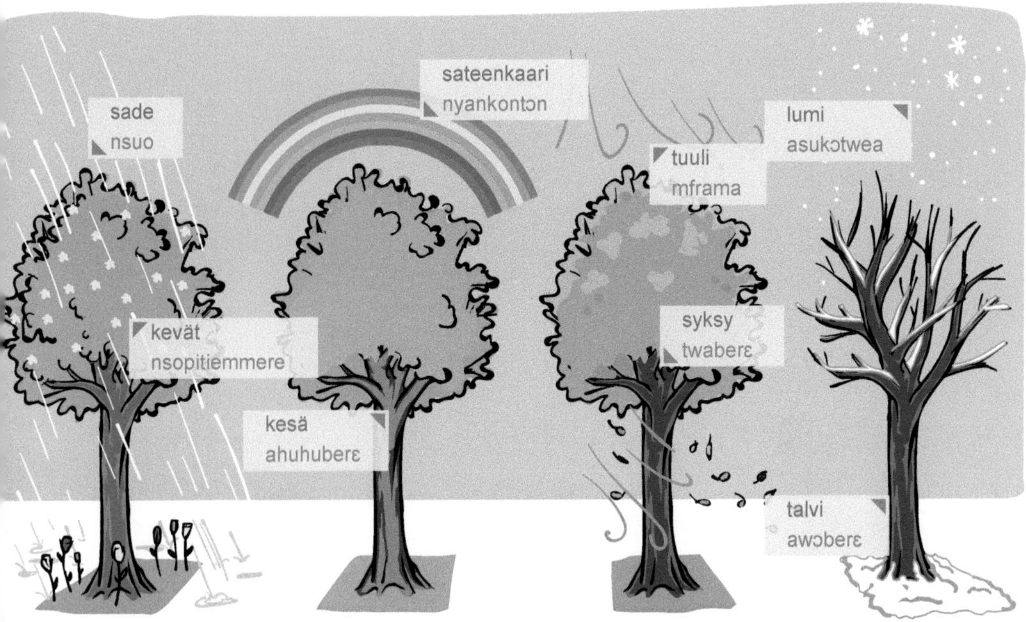

sateenkaari
nyankontɔn

sade
nsuo

lumi
asukɔtwea

tuuli
mframa

kevät
nsopitiemmere

syksy
twaberɛ

kesä
ahuhuberɛ

talvi
awɔberɛ

4.APRIL	11°	☀
5.APRIL	4°	☔
6.APRIL	13°	☔
7.APRIL	8°	☀
8.APRIL	10°	☀

sääennuste

ewiemu nsesaeɛ

lämpömittari

afidie a wɔde hwɛ ahoɔhyeɛ

auringonpaiste

awiabɔ

pilvi

munumkum

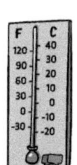

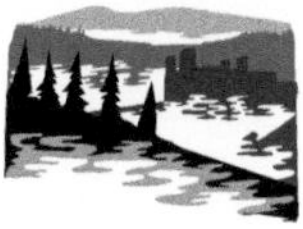

sumu

ɛbɔ

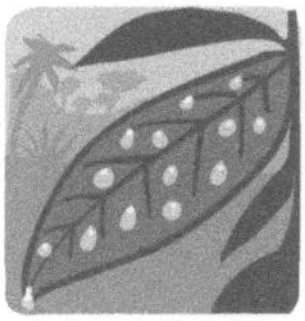

ilmankosteus

nsuo a ɛwɔ mframa mu

salama

ayerɛmo

ukkonen

agradaa

myrsky

nsuden ne mframa

rae

sukɔtwea

monsuuni

mframa a ɛde nsuo ba

tulva

nsuyiri

jää

asukɔtwea

tammikuu

ⷨpɛpɔn

helmikuu

ⷨgyefoɔ

maaliskuu

ⷨbɛnem

huhtikuu

Oforisuo

toukokuu

Kotonimaa

kesäkuu

Ayɛwohumumɔ

heinäkuu

Kitawonsa

elokuu

ⷨsanaa

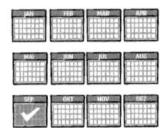

syyskuu

εbɔ

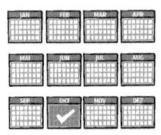

lokakuu

Ahinime

marraskuu

Obubuo

joulukuu

☐pɛnimaa

muodot
bɔbea

ympyrä

kanko

neliö

ahenanan

suorakulmio

fasene

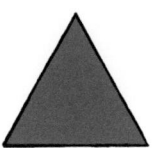

kolmio

ahinasa

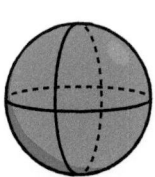

pallo

kanko

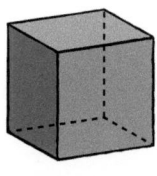

kuutio

ahenanan

valkoinen

fitaa

keltainen

akokɔsradeɛ

oranssi

akokɔsradeɛ

vaaleanpunainen

memen

punainen

kɔkɔɔ

violetti

beredum

sininen

bibire

vihreä

ahabanmono

ruskea

dodoeɛ

harmaa

nson

musta

tuntum

paljon / vähän
bebree / ketewa

vihainen / ystävällinen
abufuo / brɛo

kaunis / ruma
fɛfɛɛfɛ / tantantan

alku / loppu
ahyɛaseɛ / awieɛ

suuri / pieni
kɛseɛ / ketewa

vaalea / tumma
ɛhyerɛ / ɛdum

veli / sisko
nua barima / nuabaa

puhdas / likainen
ɛho te / ɛfi

täydellinen / epätäydellinen

wawie / onwieeyɛ

päivä / yö
anopa / anadwo

kuollut / elävä
wawu / ɔtease

leveä / kapea
emu bue/emu mmueɛ

syötävä / syömäkelvoton

yetumi di / yentumi nni

paha / kiltti

bɔne / papa

innostunut / tylsistynyt

anigyeɛ / w'ani nka

lihava / laiha

kɛseɛ / hwea

ensimmäinen / viimeinen

di kan / ka akyi

ystävä / vihollinen

adanfo / atanfo

täysi / tyhjä

ayɛ ma / hwee nnimu

kova / pehmeä

dendenden / mrɛmrɛmrɛ

painava / kevyt

emu ye duru / emu yɛ ha

nälkä / jano

ɛkɔm / nsukɔm

sairas / terve

yareɛ / ahuɔden

laiton / laillinen

ɛnfa mmrakwanso /
mmrakwanso

älykäs / tyhmä

nimdifo / gyimifo

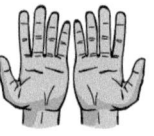

vasen / oikea

benkum / nifa

lähellä / kaukana

ɛbɛn / ɛmu ware

uusi / käytetty

foforo / dada

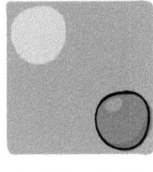

ei mitään / jotain

ɛnyɛ hwee / biribi

vanha / nuori

panyin / abɔfra

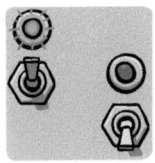

päällä / pois päältä

sɔ / dum

auki / kiinni

bue / yatom

hiljainen / äänekäs

dinn / dede

rikas / köyhä

sikani / ohiani

oikein / väärin

papa / bɔne

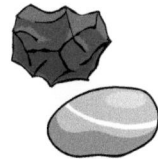

karhea / sileä

wewerɛwewerɛ / tromtrom

surullinen / iloinen

awerehoɔ / anigye

lyhyt / pitkä

tiatia / tentene

hidas / nopea

brɛoo / ntɛm

märkä / kuiva

afɔ / awo

lämmin / viileä

ɛyɛ hye / adwo

sota / rauha

ntɔkwa / asomdwoe

0	**1**	**2**
nolla	yksi	kaksi
ohunu	baako	mmienu

3	**4**	**5**
kolme	neljä	viisi
mmiensa	nan	num

6	**7**	**8**
kuusi	seitsemän	kahdeksan
nsia	nson	nwɔtwe

9	**10**	**11**
yhdeksän	kymmenen	yksitoista
nkron	du	du-baako

12

kaksitoista

du-mmienu

13

kolmetoista

du-mmiensa

14

neljätoista

du-nan

15

viisitoista

du-num

16

kuusitoista

du-nsia

17

seitsemäntoista

du-nson

18

kahdeksantoista

du-nwɔtwe

19

yhdeksäntoista

du-nkron

20

kaksikymmentä

aduonu

100

sata

ɔha

1.000

tuhat

apem

1.000.000

miljoona

ɔpepe

englanti

Brofo kasa

amerikanenglanti

Amerika Brɔfo

mandariinikiina

Chinese Mandarin

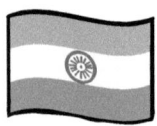

hindi

Hindi

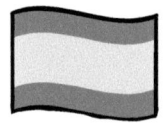

espanja

Spanish

ranska

French

arabia

Arabic

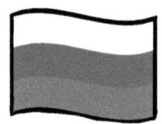

venäjä

Russian

portugali

Portuguese

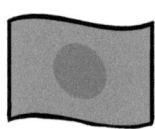

bengali

Bengali

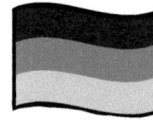

saksa

German

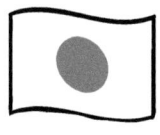

japani

Japanese

minä

me

sinä

wo

hän

ɔno

me

yɛn

te

wo

he

wɔn

kuka?

hwan?

mitä / mikä?

aden?

miten?

sɛn?

missä?

ɛhefa?

milloin?

dabɛn?

nimi

din

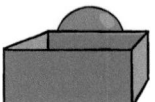

takana

n'akyi

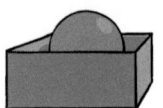

sisällä

εmu

edessä

wɔ n'anim

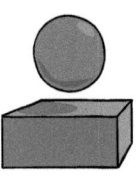

yläpuolella

soro

päällä

so

alapuolella

aseε

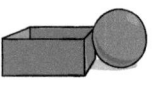

vieressä

nkyene

välissä

ntam

paikka

fa hyε